COLLECTION

DE

DOCUMENTS INÉDITS

SUR L'HISTOIRE DE FRANCE

PUBLIÉS

PAR ORDRE DU ROI

ET PAR LES SOINS

DU MINISTRE DE L'INSTRUCTION PUBLIQUE

RAPPORTS AU ROI ET PIÈCES

COLLECTION

DE

DOCUMENTS INÉDITS

SUR L'HISTOIRE DE FRANCE.

COLLECTION

DE

DOCUMENTS INÉDITS

SUR L'HISTOIRE DE FRANCE

PUBLIÉS

PAR ORDRE DU ROI

ET PAR LES SOINS

DU MINISTRE DE L'INSTRUCTION PUBLIQUE

RAPPORTS AU ROI ET PIÈCES

PARIS
IMPRIMERIE ROYALE

M DCCC XXXV

I.

EXTRAIT DU RAPPORT AU ROI

SUR LE BUDGET DU MINISTÈRE DE L'INSTRUCTION PUBLIQUE

POUR L'EXERCICE 1835.

Sire,

.... Depuis quinze ans environ l'étude des sources historiques a repris une activité nouvelle. Des hommes d'un esprit clairvoyant, d'une science rare, d'une constance laborieuse, ont pénétré, les uns dans le vaste dépôt des archives du royaume, les autres dans les collections de manuscrits de la bibliothèque royale; quelques-uns ont poussé leurs recherches jusque dans les bibliothèques et archives des départements. Partout il a été prouvé dès les premiers essais, en fouillant au hasard, que de grandes richesses étaient restées enfouies. Les efforts ont redoublé, et l'on n'a pas tardé à obtenir des découvertes aussi importantes qu'inattendues, de véritables révélations qui éclairent d'un jour nouveau tels ou tels événements, tels ou tels siècles de notre histoire; à ce point qu'il est peut-être permis d'avancer que les manuscrits et monuments originaux, qui ont été jusqu'à présent mis au jour, ne surpassent guère en nombre ni en importance ceux qui sont restés inédits.

Depuis que ce fait est constaté, il ne se passe pas un jour sans que les hommes jaloux des progrès de la science et de la gloire littéraire de la France n'expriment le regret de voir l'exploitation d'une mine si riche abandonnée à des individus isolés, dont les plus grands efforts ne peuvent produire que des résultats partiels et bornés. A la vérité, parmi ces explorateurs volontaires, il faut distinguer l'académie des inscriptions, qui travaille à recueillir diverses séries de monuments relatifs à notre histoire nationale. Mais Votre Majesté a pu se convaincre, il y a quelques instants, de l'extrême exiguité des ressources dont l'académie dispose pour la publication de ces recueils, et de la lenteur qui en résulte inévitablement. Aussi, quelle que soit l'excellence de ses travaux, ils sont insuffisants pour calmer les regrets et satisfaire les désirs de ceux qui voudraient entrer en possession de tant de trésors, encore inutiles ou ignorés.

Le besoin de voir mettre un terme à ces efforts isolés commence à être si vivement senti, que quelques personnes se sont récemment formées en société pour tenter de concentrer et de coordonner les recherches de tous les hommes qui se vouent à ce genre de travaux [1]. J'espère que cette société n'aura pas fait un vain appel aux amis de la science; je m'associe à ses efforts; mais je ne puis me dissimuler que, lors même qu'elle parviendrait à disposer de ressources plus considérables

[1] La société de l'histoire de France, fondée en juin 1833, compte déjà plus de deux cents membres, et a déjà fait, indépendamment de son *Bulletin*, qui paraît tous les mois, plusieurs publications importantes.

qu'il n'est permis de le supposer, son action ne serait encore que partielle, et ses publications n'embrasseraient que quelques séries de monuments.

Au gouvernement seul il appartient, selon moi, de pouvoir accomplir le grand travail d'une publication générale de tous les matériaux importants et encore inédits sur l'histoire de notre patrie. Le gouvernement seul possède les ressources de tout genre qu'exige cette vaste entreprise. Je ne parle même pas des moyens de subvenir aux dépenses qu'elle doit entraîner; mais, comme gardien et dépositaire de ces legs précieux des siècles passés, le gouvernement peut enrichir une telle publication d'une foule d'éclaircissements que de simples particuliers tenteraient en vain d'obtenir. C'est là une œuvre toute libérale, et digne de la bienveillance de Votre Majesté pour la propagation de l'instruction publique et la diffusion des lumières.

Mais chaque jour de retard rend la tâche plus difficile : non-seulement les traditions s'effacent et nous enlèvent en s'effaçant bien des moyens de compléter et d'interpréter les témoignages écrits; mais les monuments eux-mêmes s'altèrent matériellement. Il est une foule de dépôts, surtout dans les départements, où les pièces les plus anciennes s'égarent ou deviennent indéchiffrables, faute des soins nécessaires à leur entretien. Je crois donc qu'il est urgent que l'entreprise soit mise à exécution, et qu'elle reçoive immédiatement une assez grande extension.

Une des premières opérations serait de dresser un inventaire des richesses paléographiques de tous les départements. Les recherches seraient faites dans deux sortes d'établissements; d'abord dans les bibliothèques communales, en second lieu dans les dépôts d'archives, soit communales, soit départementales. Je sais déjà qu'il est plusieurs bibliothèques qui pourraient être exploitées avec grand profit, et presque toutes offriraient quelque chose à recueillir. Ce sont surtout des éclaircissements sur l'histoire des localités, des particularités toutes provinciales, que fourniraient ces bibliothèques. Mais sous ce rapport on trouverait plus de richesses encore dans les archives que dans les bibliothèques. Malgré les ravages qui depuis quarante ans ont produit, dans la plupart de ces dépôts, d'irréparables lacunes, on peut encore y faire une abondante moisson. Il en est même qui, par un heureux hasard, ont été préservés du pillage; et quand le sort a voulu que ce fût dans une de ces villes, anciennes capitales d'importantes provinces, telles que Dijon ou Lille par exemple, on sent combien de faits précieux doivent y rester enfouis. Il est telle de ces villes qui peut nous offrir une correspondance non interrompue avec tous nos souverains pendant cinq ou six siècles, telle autre qui possède plus de deux ou trois mille chartes, plus de dix mille pièces de tout genre non-seulement inédites, mais inconnues des paléographes, et dont aucune analyse, aucun catalogue n'a encore révélé l'importance. En un mot, les bibliothèques et les archives départementales deviendraient probablement une des sources où seraient puisés les plus nombreux matériaux de cette grande publication.

Le département des manuscrits de la bibliothèque royale serait également fouillé, et fournirait une masse de documents originaux, dont il serait difficile de calculer l'importance. Les collections dites *de Colbert, de Brienne, de Dupuy, de Gaignières*, et tant d'autres qu'il serait trop long d'énumérer, n'ont encore été pour ainsi dire qu'entr'ouvertes. Là sont ensevelis des correspondances, des mémoires, des écrits de toute espèce, reflets vivants de tous les siècles, répertoires des jugements que chaque époque a portés sur elle-même. Aucun autre dépôt n'est plus riche que la bibliothèque royale en matériaux pour cette sorte d'histoire qu'on peut appeler contemporaine, histoire qui ne consiste pas moins dans la révélation des idées que dans celle des faits.

Les archives du royaume au contraire jetteraient de vives lumières sur telles ou telles circonstances d'événements défigurés par la tradition. On y puiserait des rectifications importantes, des renseignements curieux sur tous les faits sociaux qui laissent de leur passage une trace officielle et authentique. Il est aussi, dans le dépôt des archives, des trésors qu'on ne serait pas tenté d'y chercher, tels que des correspondances diplomatiques, des traités de politique, des fragments d'histoire. Ainsi, en résumé, bibliothèques et archives des départements, bibliothèque royale et bibliothèques secondaires de Paris, archives du royaume, tels seraient les principaux établissements dont il s'agirait de produire les richesses au grand jour.

Mais il est une autre source historique plus abondante encore peut-être, et jusqu'ici plus inconnue.

Les dépôts dont je viens de parler sont publics; le gouvernement ne ferait qu'en extraire et rendre plus abordable à tous les lecteurs ce qu'avec de grands efforts sans doute les particuliers peuvent accomplir par eux-mêmes. Le bienfait serait immense; mais le gouvernement doit faire davantage. Il possède d'autres archives dont lui seul dispose et dont il peut, sans aucun inconvénient, communiquer, en partie du moins, les inappréciables trésors : je veux parler des archives des différents ministères, et notamment du ministère des affaires étrangères.

Jusqu'ici, tantôt la nature du gouvernement, tantôt de

justes convenances ont rendu ces grands dépôts à peu près inaccessibles ; mais la séparation est si profonde entre notre temps et les temps passés, la politique de notre époque est si peu solidaire de celle des siècles antérieurs, que le gouvernement peut, sans crainte et sans scrupule, associer le public à une partie de ces richesses historiques.

En s'arrêtant vers le commencement du dernier siècle, non-seulement l'intérêt de l'État, mais l'intérêt des familles ne pourra souffrir la moindre atteinte.

Évidemment les faits, les documents antérieurs au règne de Louis XV n'appartiennent plus à la politique, mais à l'histoire, et rien n'empêche plus de publier ceux qui méritent la publicité.

En exploitant ainsi avec sagesse les archives des divers ministères, et surtout celles des affaires étrangères, qui sont dans un ordre parfait, la publication que j'ai l'honneur de proposer à Votre Majesté sera un monument tout à fait digne d'elle et de la France.

L'histoire des villes, des provinces, des faits et des usages locaux, sera éclaircie par les bibliothèques et les archives départementales ; l'histoire générale des idées, des usages, des mœurs et des rites, par les manuscrits des grandes bibliothèques de Paris, par les archives du royaume ; enfin l'histoire particulière des traités et des ambassades, par les archives des affaires étrangères ; celle de la législation et des grands procès, par les archives du parlement ; celle des siéges, des batailles, de la marine et des colonies, par les archives de la guerre et de la marine.

Je ne puis dans cet exposé offrir à Votre Majesté qu'un sommaire, une ébauche incomplète de l'entreprise que je soumets à son approbation. Je souhaite que les résultats, que je ne puis que faire entrevoir, mais qu'on serait assuré d'atteindre, justifient aux yeux de VOTRE MAJESTÉ et à ceux des chambres ma demande d'une allocation extraordinaire. Si ce crédit est accordé, j'aurai l'honneur de présenter à VOTRE MAJESTÉ un plan plus détaillé de cette grande publication nationale, et de lui soumettre les moyens d'exécution les plus propres à en assurer le succès.....

Je suis avec le plus profond respect,

SIRE,

De VOTRE MAJESTÉ,

Le très-humble et très-obéissant serviteur et fidèle sujet.

Le Ministre Secrétaire d'état
au département de l'Instruction publique,

GUIZOT.

Paris, 31 décembre 1833.

II.

RAPPORT AU ROI

SUR

LES MESURES PRESCRITES POUR LA RECHERCHE ET LA PUBLICATION

DES DOCUMENTS INÉDITS

RELATIFS A L'HISTOIRE DE FRANCE.

SIRE,

VOTRE MAJESTÉ a daigné accueillir les vues que j'ai eu l'honneur de lui soumettre relativement à la recherche et à la publication des monuments inédits de l'histoire de France. Les chambres ont voté, dans le budget de 1835, un crédit de 120,000 francs consacré à ces travaux, et qui atteste hautement l'intérêt qu'inspire l'entreprise scientifique et nationale qu'a approuvée VOTRE MAJESTÉ.

Je me suis appliqué à en préparer le succès, et je demande à VOTRE MAJESTÉ la permission de mettre sous ses yeux le plan que je me propose de suivre et les dispositions que j'ai déjà prescrites.

Dès le 22 novembre 1833 je me suis adressé à MM. les préfets pour leur demander des renseignements précis et détaillés sur la situation des bibliothèques et des archives des départements qu'ils administrent, ainsi que sur les divers ouvrages manuscrits qui peuvent être contenus dans ces dépôts[1]. Les réponses que j'ai reçues m'ont déjà fourni quelques documents curieux; elles m'ont surtout indiqué les voies qu'il convient de suivre pour arriver à des résultats importants.

Le 20 juillet dernier je me suis mis en rapport avec les académies et sociétés savantes établies dans les départements; j'ai sollicité leur concours; j'ai cherché à encourager leurs efforts, et tout me porte à croire qu'elles me seconderont avec zèle et efficacité[2].

Le 18 juillet dernier j'ai formé, auprès du ministère de l'instruction publique, un comité où se réunissent quelques-uns des hommes les plus considérables par leur savoir et par le mérite de leurs travaux historiques[3]. Ce comité sera spécialement chargé de surveiller et de diriger, de concert avec moi, tous les détails de cette vaste entreprise. Il s'est assemblé plusieurs fois sous ma présidence, et, grâce à l'assistance éclairée que ses membres ont bien voulu me prêter, on entrevoit déjà les résultats qu'il sera possible d'obtenir.

Un premier soin a dû occuper le comité, celui de déterminer nettement le but que doit se proposer l'administration, et les limites dans lesquelles il convient de se renfermer. Il suffit, à cet égard, de s'en tenir rigoureusement aux termes mêmes de la loi de finances de 1835. Ils contiennent et expliquent toute la pensée de l'entreprise. Puiser à toutes les sources, dans les archives et les bibliothèques de Paris et des départements, dans les collections publiques et particulières; recueillir, examiner et publier, s'il y a lieu, tous les documents

[1] Pièces, n° VI.
[2] Pièces, n° VII.
[3] Pièces, n° IV.

inédits importants et qui offrent un caractère historique, tels que manuscrits, chartes, diplômes, chroniques, mémoires, correspondances, œuvres mêmes de philosophie, de littérature ou d'art, pourvu qu'elles révèlent quelque face ignorée des mœurs et de l'état social d'une époque de notre histoire : tel sera le but de ces travaux.

J'ai examiné soigneusement, avec le comité, quels seraient les plus sûrs moyens d'exécution.

La recherche des documents présente d'assez grandes difficultés. A Paris, et dans quelques villes en petit nombre, il existe des archives classées méthodiquement et dans lesquelles a été dressé avec exactitude l'inventaire des pièces qui s'y trouvent déposées; mais partout ailleurs règnent le désordre et la confusion. A l'époque des troubles révolutionnaires, une foule de documents, jusque-là conservés dans les anciens monastères, dans les châteaux ou dans les archives des communes, ont été livrés tout à coup au pillage et à la dévastation. Des amas de papiers et de parchemins, transportés dans les municipalités voisines, ont été jetés pêle-mêle dans des greniers ou dans des salles abandonnées; le souvenir même s'est effacé, dans plusieurs endroits, de ces translations opérées négligemment et sans formalités. De là l'opinion généralement établie et devenue, pour ainsi dire, de tradition dans un grand nombre de départements, que tout a péri dans ces temps d'agitation. Il est certain, néanmoins, qu'on peut retrouver encore une partie considérable des anciennes archives, notamment dans les villes d'évêché et de parlement, et qu'une foule de pièces importantes ont été sauvées et rendues aux villes, lorsque, plus tard, une autorité conservatrice fit déposer dans les chefs-lieux des districts les débris des anciennes abbayes, confondus avec les chartes et autres monuments authentiques. Plusieurs pièces aussi furent gardées alors comme titres de propriété ou de droits utiles des biens qui avaient été vendus par l'autorité publique.

Je ne saurais former le dessein de procéder actuellement et directement à un classement général et méthodique de toutes les archives locales, soit des départements, soit des communes : le temps et les ressources manqueraient pour un si immense travail. La bibliothèque du Roi possède d'ailleurs un inventaire général de toutes les archives qui existaient en France avant la révolution, inventaire dressé, vers 1784, sous le ministère de M. Bertin, et auquel est joint un grand nombre de cartulaires ou répertoires des principales pièces que ces archives locales renfermaient. Ces renseignements suffiront aux premières recherches; à mesure que l'on pénétrera dans les dépôts publics pour en explorer les richesses, on éprouvera le besoin de les mettre en ordre; de premières améliorations susciteront le zèle qui aspire à des améliorations nouvelles, et le zèle créera des ressources. Les autorités locales, les conseils généraux et municipaux seront naturellement provoqués et conduits, on peut l'espérer, à réintégrer leurs archives dans des lieux convenables, et à faire dresser le catalogue des pièces qu'on y conserve. Il convient donc de se mettre dès à présent à l'œuvre, sans prétendre commencer méthodiquement par un travail de classement général qui offrirait, dans l'état actuel des choses, plus d'embarras que d'avantages, et que nos recherches amèneront, d'ailleurs, presque nécessairement.

J'ai cherché, de concert avec MM. les membres du comité, quels pouvaient être, dans chaque département, dans chaque ville, les hommes déjà connus par leurs travaux sur l'histoire nationale, et capables de s'associer à ceux que je dois faire entreprendre. Nous avons dressé une première liste de quatre-vingt-sept personnes avec lesquelles je me propose de me mettre en rapport, afin de les charger spécialement des recherches relatives aux lieux qu'elles habitent. Une correspondance régulière s'établira entre elles et mon département, par l'intermédiaire de MM. les préfets ; et, sans imposer partout un ordre toujours le même, une organisation systématique et uniforme, qui s'accorderaient mal avec les besoins et les ressources particulières de chaque localité, j'ai rédigé cependant des instructions générales qui peuvent s'appliquer également à toutes les recherches et à tous les pays, et qui seront adressées à tous les correspondants de mon ministère [1].

Dans les lieux où je ne pourrai obtenir le concours de quelques correspondants propres à ce genre de travail, je tâcherai d'y suppléer en envoyant des commissaires spéciaux déjà exercés, et dont le mérite me soit bien connu. Du reste, j'accueillerai avec empressement toutes les communications, toutes les propositions. Je sais que beaucoup d'hommes modestes et laborieux vivent dispersés et presque ignorés sur notre territoire, prêts à mettre leur savoir et leur zèle à la disposition d'une administration bienveillante. Je serai attentif à les rechercher, et heureux de les découvrir. Le comité central se tiendra constamment au courant des diverses recherches qui seront entreprises à Paris et dans les départements. Il dirigera, par des instructions particulières, tous les travaux que j'aurai prescrits ou autorisés; il transmettra aux correspondants du ministère les renseignements qui leur seront indispensables pour juger de la valeur de telles ou telles archives, de tels ou tels manuscrits. Aussitôt qu'une découverte importante aura été signalée à mon attention, l'un des membres du comité sera chargé spécialement de l'examiner, de s'entendre

[1] Pièces, n° VIII.

avec la personne qui m'aura adressé cette communication, de rechercher toutes les pièces relatives au même sujet, qui pourraient exister dans d'autres collections; et toutes les fois qu'après cet examen la publication de tel ou tel manuscrit, de telle ou telle pièce, aura été jugée convenable, elle aura lieu sous la surveillance du comité, soit par les soins directs de l'un de ses membres, soit par une révision attentive du travail de ses correspondants.

Tel est, SIRE, dans ses traits essentiels, le plan que je crois devoir adopter. L'exécution en est déjà commencée, et je puis en indiquer à VOTRE MAJESTÉ les premiers et prochains résultats.

Les archives de plusieurs villes du royaume sont en assez bon ordre et assez bien connues pour qu'on ait pu s'y livrer immédiatement à d'utiles travaux. La bibliothèque publique de Besançon est, depuis longtemps, dépositaire des papiers du principal ministre de Charles-Quint et de Philippe II, d'un homme qui a été mêlé à toutes les grandes affaires du XVIe siècle, du cardinal Perrenot de Granvelle. Ce vaste recueil se compose des correspondances de ce ministre, des notes de ses agents, et de toutes les pièces relatives à son administration dans les Pays-Bas et dans le royaume de Naples. Il n'a été connu des savants, jusqu'à ce jour, que par l'ébauche d'un catalogue imprimé, et par la courte analyse de quelques pièces que l'on doit à un religieux bénédictin du XVIIIe siècle. J'ai formé à Besançon, sous la présidence du savant bibliothécaire de cette ville, M. Weiss, une commission chargée de procéder à l'analyse complète de ces matériaux. Elle en fera le dépouillement et mettra à part ceux qui présenteront assez d'intérêt pour être livrés à la publicité. J'espère que bientôt une partie considérable de ces pièces historiques sera préparée pour l'impression.

Les riches et précieuses archives des anciens comtes de Flandre sont conservées à Lille : elles contiennent des documents qui remontent jusqu'au XIe siècle. Je prends des mesures, de concert avec M. le préfet du Nord, pour faire explorer ces archives et en tirer tous les documents qui paraîtraient dignes d'être mis en lumière.

Les restes des anciennes archives du Roussillon sont conservés à Perpignan : on y trouvera des renseignements intéressants pour l'histoire de cette province et pour celle des relations des rois de France avec les rois d'Aragon. Des spoliations nombreuses et une longue négligence, dont ces archives sont enfin préservées grâce au zèle du bibliothécaire de la ville de Perpignan, ne les ont pas tellement appauvries qu'elles ne puissent encore offrir des pièces importantes.

A Poitiers, où sont déposées les archives de l'ancienne province d'Aquitaine, j'ai envoyé, avec le titre d'archiviste de la ville, un des élèves les plus distingués de l'école des chartes, M. Redet. M. Chelles, élève de la même école, a été également envoyé à Lyon avec le même titre.

Dans les bibliothèques et les archives de Paris, les travaux sont déjà en pleine activité et promettent d'importants résultats.

Le département des manuscrits, à la bibliothèque royale, dépôt immense de matériaux de toute espèce, est, pour la première fois, livré à une exploration générale et régulière. Il présente des corps d'ouvrages rédigés, tantôt par des hommes instruits sur des sujets divers de notre histoire, tantôt par des personnes qui ont voulu transmettre à la postérité le détail des affaires auxquelles elles ont pris part. On y trouve aussi des recueils de pièces détachées en nombre considérable, formant des sources de documents authentiques sur presque tous les sujets. Des collections rassemblées par des particuliers dont elles ont conservé les noms : celles *de Colbert, de Dupuy, de Brienne, de Gaignières, de Baluze, du président de Mesmes,* et plusieurs autres, y ont été déposées dans leur intégrité après la mort de leurs possesseurs. Des jeunes gens exercés à ce genre d'étude sont chargés, sous la surveillance et la direction des conservateurs, MM. Champollion-Figeac et Guérard, d'explorer ces mines fécondes, et de signaler les manuscrits divers, mémoires ou autres pièces, qui leur paraîtraient dignes de publication, pour que le comité en fasse ensuite l'objet d'un examen spécial. Déjà plusieurs ouvrages ont été puisés à cette source et sont livrés aux personnes chargées d'en préparer la publication. Je citerai entre autres une réunion de notes curieuses, écrites de la main même du cardinal Mazarin, et relatives aux incidents journaliers de sa conduite pendant les guerres de la Fronde. Ces notes, écrites le plus souvent en italien et d'une façon fort abrégée, seront publiées avec une traduction française et les éclaircissements nécessaires.

Un journal des États généraux tenus à Tours en 1484, dont la bibliothèque royale possède plusieurs copies, a été rédigé en latin par Jean Masselin, l'un des membres de ces états. Les nombreux détails qu'il fournit sur les discussions, les usages et les idées politiques de ce temps, ont été, en grande partie, ignorés de nos historiens. Quelques-uns se sont contentés de le faire connaître par des extraits que les autres ont copiés. Il sera publié, pour la première fois, dans son texte original, et accompagné d'une traduction.

Un monument important de la langue, de la poésie et de l'histoire d'un temps déjà reculé, est une vaste chronique en vers de la guerre des Albigeois, écrite dans le langage du pays, à une époque très-voisine encore de cet événement, par un auteur qui avait été témoin des faits qu'il raconte. C'est une source de renseignements également intéressants pour les philologues et pour les historiens, et aussi l'un des plus curieux monuments littéraires du XIIIe siècle. Le soin de sa publication est confié à M. Fauriel.

Après la paix de 1763, M. de Bréquigny fut envoyé à Londres avec un bureau composé de sept personnes, pour y prendre copie de toutes les pièces déposées aux archives de la Tour de Londres, qui pouvaient se rapporter à l'histoire de France. Ce travail dura plusieurs années; il a produit une collection d'environ cent cinquante volumes in-folio de copies de documents divers concernant celles de nos provinces qui avaient été rangées longtemps sous la domination anglaise. Les originaux de plusieurs de ces documents se sont perdus depuis à la Tour de Londres. La nature de ces recherches, leur étendue, et jusqu'aux événements qui ont eu lieu depuis qu'elles ont été accomplies, tout contribue à donner à cette immense collection un intérêt que le temps n'a fait qu'accroître. J'ai ordonné le dépouillement de ce recueil, déposé maintenant à la bibliothèque du Roi; chacun des documents qu'il renferme sera successivement examiné; ceux qui n'ont point encore été publiés, et qui néanmoins mériteront de l'être, seront relevés, classés et mis au jour.

Une autre collection, que je crois propre à jeter des lumières nouvelles sur l'histoire politique de l'ancienne monarchie française, sera celle des chartes concédées aux villes et aux communes par les rois et les seigneurs, du XIe au XVe siècle. Ces chartes sont en grand nombre; elles embrassent presque toute l'étendue de la France, et la teneur en est fort variée. Plusieurs ont déjà été publiées, mais beaucoup d'autres n'ont point vu le jour; et peut-être ces dernières ne sont-elles pas les moins curieuses et les moins importantes. La bibliothèque du Roi en possède une collection formée par les soins de Dupuy, et qui remplit quelques volumes in-folio. Elle sera soumise à une sévère analyse : on évitera de reproduire ce qui est déjà connu; on y ajoutera les pièces et les documents nécessaires pour la compléter. Enfin j'ai l'intention d'y faire joindre les chartes et constitutions primitives des différentes corporations, maîtrises et sociétés particulières établies en France, de telle sorte que cette collection rapproche et mette dans tout leur jour les nombreuses et diverses origines de la bourgeoisie française, c'est-à-dire les premières institutions qui ont servi à affranchir et à élever la nation. Ce travail s'exécutera sous la direction de M. Augustin Thierry.

Les archives générales du royaume, compulsées en même temps et de la même manière que la bibliothèque du Roi, fourniront un grand nombre de pièces détachées, actes de l'autorité publique, relations d'événements particuliers, diplômes, chartes et autres monuments authentiques propres à jeter de nouvelles lumières sur les points les plus obscurs de notre histoire, et à corriger souvent des versions fautives ou incomplètes.

Les archives spéciales des différents ministères nous promettent encore de plus importantes richesses; ces matériaux doivent être exploités avec prudence et discernement : aussi nos recherches s'adresseront-elles exclusivement aux époques qui peuvent être considérées comme tombées dans le domaine de l'histoire. Mais nous trouverons dans ces limites de quoi exciter et satisfaire la plus avide curiosité des savants et du public. MM. les directeurs de ces précieux dépôts ont bien voulu me promettre leur concours le plus empressé.

Les archives du ministère des affaires étrangères, classées avec un ordre parfait, forment le dépôt historique le plus considérable par l'abondance et la valeur de ses documents. Les publications que je me propose d'y puiser s'exécuteront par les soins du directeur, M. Mignet, qui a déjà préparé un recueil important et étendu destiné à en commencer la série. Les longues et curieuses négociations relatives à la succession d'Espagne, ouverte par la mort de Charles II, seront l'objet de ce recueil. Entamées immédiatement après le traité des Pyrénées en 1659, elles n'ont été terminées qu'en 1713, à l'époque où la paix d'Utrecht vint fixer enfin le droit public de l'Europe et sa distribution territoriale sur de nouvelles bases. Cette publication fera connaître la marche progressive des grands événements qui en sont l'objet, et mettra pour la première fois au jour, dans toute sa réalité et toute son étendue, la politique de Louis XIV.

Les archives du dépôt de la guerre seront consultées en même temps que celles des affaires étrangères, et les renseignements empruntés à ces deux sources différentes seront rapprochés entre eux et comparés les uns avec les autres. Ainsi, tandis que l'on recherchera, dans les archives de notre diplomatie, tout ce qui se rapporte aux négociations qu'entraîna l'affaire de la succession d'Espagne, le dépôt de la guerre mettra à notre disposition l'histoire des campagnes qui suivirent et secondèrent ces négociations, accompagnée de la correspondance de Louis XIV, de Philippe V, du duc d'Orléans, du maréchal de Berwick et du duc de Vendôme.

A ces dernières publications seront joints les cartes et plans nécessaires pour l'intelligence des opérations militaires; M. le directeur du dépôt actuel de la guerre a bien voulu m'offrir les riches matériaux de ce genre qu'il a recueillis lui-même. Ils seront mis au jour par ses soins personnels et sous sa surveillance.

Des travaux analogues seront exécutés aussi dans les archives du ministère de la marine : l'état de notre marine, l'histoire de nos campagnes maritimes ou des grandes batailles navales, celle de nos colonies depuis plus de cent cinquante ans, y sont conservés dans des collections authentiques dont le choix sera fait par des hommes versés dans cette étude toute spéciale.

Après l'histoire politique, l'histoire intellectuelle et morale du pays a droit également à notre attention; c'est aussi une grande et belle partie des destinées d'un peuple que la série de ses efforts et de ses progrès dans la philosophie, les sciences et les lettres. Sans doute l'abondance et le caractère spécial des monuments de ce genre doivent nous prescrire à cet égard quelque réserve; ils ne sauraient être accueillis facilement ni en très-grand nombre dans une collection dont l'histoire proprement dite est l'objet dominant. Mais les ouvrages qui, à certaines époques, ont fortement agité les esprits et exercé une action puissante sur le développement intellectuel des générations contemporaines, ceux qui ont ouvert, dans le mouvement des idées, une ère nouvelle, ceux enfin qui, sous une forme purement littéraire, nous révèlent des mœurs oubliées, des usages ou des faits sociaux dont on avait perdu la trace, de tels ouvrages se rattachent de bien près à l'histoire; et si nous découvrions quelques monuments de ce genre, nous croirions devoir nous empresser de les publier, en en formant dans la collection générale une série particulière.

Je puis déjà, Sire, signaler en ce genre à Votre Majesté une découverte récente et d'un haut intérêt pour les personnes qui se vouent à l'étude de la philosophie et de son histoire parmi nous. Le manuscrit du fameux ouvrage d'Abailard, intitulé le *Oui et Non* (*Sic et Non*), vient d'être retrouvé dans la bibliothèque d'Avranches. Ce livre, qu'on croyait irréparablement perdu, est celui qui donna lieu à la condamnation d'Abailard, au concile de Sens, en 1140. M. Cousin en surveillera la publication.

Enfin, Sire, l'histoire des arts doit occuper une place dans ce vaste ensemble de recherches, qui embrasse toutes les parties de l'existence et des destinées nationales. Aucune étude peut-être ne nous révèle plus vivement l'état social et le véritable esprit des générations passées que celle de leurs monuments religieux, civils, publics, domestiques, des idées et des règles diverses qui ont présidé à leur construction, l'étude, en un mot, de toutes les œuvres et de toutes les variations de l'architecture, qui est à la fois le commencement et le résumé de tous les arts.

Je me propose, Sire, de faire incessamment commencer un travail considérable sur cette matière : je m'appliquerai à faire dresser un inventaire complet, un catalogue descriptif et raisonné des monuments de tous les genres et de toutes les époques qui ont existé ou existent encore sur le sol de la France. Un tel travail, en raison de sa nature spéciale, de son importance et de sa nouveauté, doit demeurer distinct des autres travaux historiques dont je viens d'entretenir Votre Majesté; aussi mon intention est-elle d'en confier la direction à un comité spécial, et d'en faire l'objet de mesures particulières que j'aurai l'honneur de proposer à Votre Majesté.

Telles sont, Sire, les mesures que j'ai prises, préparées ou projetées pour assurer l'accomplissement de la grande entreprise au sujet de laquelle le vote des chambres a répondu aux vues de VOTRE MAJESTÉ. Cette entreprise ne doit pas être un effort accidentel et passager; ce sera un long hommage et, pour ainsi dire, une institution durable en l'honneur des origines, des souvenirs et de la gloire de la France. J'ose espérer que, grâce au savant et zélé concours des personnes qui veulent bien me seconder, les premiers résultats ne se feront pas longtemps attendre et ne seront pas indignes de la noble pensée dont VOTRE MAJESTÉ a daigné me confier l'exécution.

Je suis avec le plus profond respect,

SIRE,

De VOTRE MAJESTÉ,

Le très-humble et très-obéissant serviteur et fidèle sujet

Le Ministre secrétaire d'état
au département de l'Instruction publique,

GUIZOT.

Paris, 27 novembre 1834.

III.

RAPPORT AU ROI

SUR

L'ÉTAT DES TRAVAUX RELATIFS A LA RECHERCHE ET A LA PUBLICATION

DES DOCUMENTS INÉDITS

SUR L'HISTOIRE DE FRANCE.

SIRE,

Vers la fin de l'année dernière j'ai eu l'honneur de soumettre à VOTRE MAJESTÉ les mesures prescrites pour la recherche et la publication des documents inédits relatifs à l'histoire de France. Je viens aujourd'hui lui faire connaître l'état des travaux entrepris jusqu'à ce jour et lui en présenter les premiers résultats.

Ces travaux se divisent en deux séries distinctes : l'une comprend les documents relatifs à l'histoire politique et sociale du pays, à sa législation, à ses institutions ; l'autre s'occupe de l'histoire des sciences, des lettres, des arts et de leurs monuments.

La surveillance particulière des travaux qui se rapportent à cette seconde série a été confiée à un second comité [1], institué

[1] Pièces, n° V.

près le ministère de l'instruction publique à l'instar du premier comité dont j'ai déjà entretenu VOTRE MAJESTÉ[1], et composé, comme le premier, des hommes les plus distingués par leurs talents et leurs lumières. Les deux comités, réunis alternativement sous ma présidence, ont assidûment accompli leur mission; la plupart des correspondants de mon ministère dans les départements ont concouru avec zèle à nous seconder dans nos efforts; et déjà je puis mettre sous les yeux de VOTRE MAJESTÉ d'importants résultats, obtenus pendant le cours de cette année.

Le premier et le plus considérable est la publication des deux premiers volumes d'un recueil intitulé, « Négociations « relatives à la succession d'Espagne sous Louis XIV, ou cor« respondances, mémoires et actes diplomatiques concernant « les prétentions et l'avénement de la maison de Bourbon au « trône d'Espagne, » et qui formera six ou sept volumes. J'ai l'honneur de présenter ces deux volumes à VOTRE MAJESTÉ. Ce grand travail, conçu avec une intelligence profonde et exécuté avec un soin consciencieux par M. Mignet, garde des archives du ministère des affaires étrangères, est devenu, grâce au talent de l'éditeur, un ouvrage original, non moins qu'une collection de pièces diplomatiques. M. Mignet a su encadrer ces pièces, qui forment à peu près les deux tiers de l'ouvrage total, dans un récit substantiel, entremêlé de savantes explications. Ce sera presque une histoire de la diplomatie française de 1660 à 1738; histoire authentique et dont les matériaux, inconnus jusqu'à ce jour, nous révèlent une face entièrement neuve de cette grande époque.

A côté de cette publication, je présente à VOTRE MAJESTÉ

[1] Voir le rapport du 27 novembre 1834.

le premier volume des *Documents* publiés par M. le général baron Pelet, directeur du dépôt de la guerre, et relatifs à *l'histoire de la guerre de la succession d'Espagne,* de 1701 à 1713. Ce recueil, préparé depuis longtemps par le lieutenant général de Vault, ancien directeur du dépôt de la guerre, et revu avec soin par son habile éditeur, fera connaître, par les rapports et les lettres des généraux, des ministres de la guerre et de Louis XIV lui-même, le détail exact et officiel des opérations de ces campagnes célèbres, et présentera ainsi le côté militaire de la grande lutte dont le travail de M. Mignet offrira le côté diplomatique.

Des cartes jointes à ce recueil, et presque toutes encore inédites, en rendront le texte parfaitement intelligible. Six cartes appartiennent au premier volume, et seront incessamment publiées.

Enfin, SIRE, un quatrième volume paraît en même temps que les précédents : c'est le « Journal des États généraux tenus « à Tours en 1484, » par Jehan Masselin, official de l'archevêque de Rouen, et député à ces états. La traduction française, par M. Adhelm Bernier, est imprimée en regard du texte latin : cet ouvrage, qui n'était connu que par quelques extraits ou fragments détachés, contient une foule de renseignements précieux, qu'on chercherait vainement ailleurs, sur le cérémonial, les usages, les formes observées dans la tenue des États généraux de l'ancienne monarchie, ainsi que sur leur juridiction, et l'étendue des droits et des pouvoirs qui leur étaient dévolus. On y trouve d'ailleurs une expression fidèle, une vivante représentation des idées politiques et administratives qui occupaient, vers la fin du XVe siècle, les hommes les plus distingués de la société française, nobles, prélats, bourgeois réunis en une assemblée de trois cents personnes, discutant

4.

et délibérant de concert sur les questions les plus graves pour notre pays.

Ces quatre volumes, SIRE, sont entièrement terminés, et ouvrent, dès à présent, la série de nos publications historiques; mais plusieurs autres sont depuis longtemps livrés à l'impression et ne tarderont pas à paraître. Je demande à VOTRE MAJESTÉ la permission de les lui indiquer.

« L'Histoire en vers de la Croisade contre les hérétiques « Albigeois, » publiée d'après un manuscrit de la bibliothèque du Roi et traduite sur le texte provençal par M. Fauriel, ouvrage de la plus haute importance, et dont j'ai entretenu VOTRE MAJESTÉ dans l'un de mes précédents rapports, sera incessamment terminée.

La « Chronique en vers des ducs de Normandie, » par Benoît de Sainte-More, dont le texte, écrit en langue normande du commencement du XIIIe siècle, a été copié par M. Francisque Michel, d'après mes instructions, sur le manuscrit original de la Tour de Londres, est également sous presse. La nécessité d'envoyer et de collationner les épreuves à Londres, en retardera un peu la publication; mais le travail est suivi avec assiduité.

J'ai confié à M. Ravenel, bibliothécaire de la ville de Paris, le soin de publier les « Carnets du cardinal Mazarin, » dont j'ai déjà rendu compte à VOTRE MAJESTÉ. Dans ce volume seront également insérées diverses notes de Mazarin, sa correspondance avec Colbert, et plusieurs autres pièces relatives aux troubles de la Fronde. Ce travail difficile, qui exige beaucoup de soins et de patience, sera terminé dans quelques mois, et livré dès lors à l'impression.

Deux chroniques très-importantes pour l'histoire des règnes de Charles VI, Charles VII et Louis XI, « la Chronique du

« religieux de Saint-Denis, » et celle d'Amelgard, manquent aux diverses collections publiées dans ces derniers temps. M. Bellaguet est chargé d'en publier le texte et la traduction, sous la surveillance particulière de M. le baron de Barante, qui connaît si bien et a si bien retracé l'histoire de cette mémorable époque.

La commission instituée à Besançon sous la présidence de M. Weiss, bibliothécaire de cette ville, et chargée de diriger le dépouillement des quatre-vingt-cinq volumes in-folio des papiers du cardinal de Granvelle, est déjà fort avancée dans son travail. Pendant les six derniers mois de cette année, plus de vingt-cinq volumes de cette vaste collection ont été analysés complétement, et les pièces en langues étrangères, qu'ils contiennent en grand nombre, ont été traduites lorsqu'elles ont paru offrir de l'importance. Dès que le dépouillement sera terminé, la commission s'occupera du choix des pièces qu'il serait convenable de publier.

Un autre ouvrage, dont le manuscrit existe aussi à la bibliothèque de Besançon, m'a paru digne d'être mis au jour. C'est une « Histoire, en seize livres, des guerres de la Franche-« Comté, de 1632 à 1642, » par un conseiller au parlement de Dôle, le sieur Girardot de Beauchemin, membre du gouvernement de la province à cette époque. C'est un tableau très-animé de la résistance de la Franche-Comté aux entreprises de Richelieu, de la politique de ce ministre, de celle de la cour d'Espagne, des deux invasions successives du prince de Condé et du duc de Saxe-Weimar, enfin du long attachement de cette province à la maison d'Autriche et de ce qu'elle souffrit alors pour cette cause. On peut considérer cet ouvrage comme un épisode de la guerre de trente ans, épisode d'un grand intérêt pour l'histoire de France, puisqu'il retrace les destinées, encore séparées, d'une province qui depuis s'est intimement unie à la France, sous le rapport moral aussi bien que sous le rapport politique.

M. Guérard, membre de l'institut et du premier comité central, m'a proposé de faire extraire, sous sa direction : 1° les registres originaux du parlement de Paris; 2° les registres de la chambre des comptes; 3° le trésor des Chartes, recueils remplis de documents neufs et intéressants à publier. Je ferai incessamment entreprendre ce grand travail, que M. Guérard est si capable de bien diriger.

Le dépouillement des grandes collections de manuscrits que possède la bibliothèque royale se poursuit avec activité, sous la direction de M. Champollion-Figeac, l'un des conservateurs du département des manuscrits de cet établissement, et membre du premier comité central. Douze personnes sont employées à ce travail. Les premières collections analysées ont été : 1° celle de Dupuy, à laquelle appartient l'immense recueil d'anciens titres, chartes, diplômes, etc., originaux ou en copie, rassemblés ou transcrits par Pierre Pithou, formant ensemble neuf cent cinquante volumes in-folio et in-4°; 2° la collection de Brienne, composée de pièces diplomatiques et de documents qui se rapportent aux diverses affaires du royaume; 3° la collection de Bréquigny, composée de copies exécutées, par ordre de l'ancien gouvernement, aux archives de la Tour et de l'Échiquier de Londres. Le même travail s'accomplit en ce moment sur les diverses collections réunies dans le fonds de Colbert, si riche en matériaux de tout genre, relatifs aux affaires étrangères et aux affaires intérieures de la France. Les trois premiers recueils sont complétement dépouillés; les cartes qui en contiennent le relevé ont été classées dans des cartons par ordre chronologique, en attendant qu'elles soient dépouillées elles-mêmes pour former des tables générales des matières et des noms d'hommes et de lieux mentionnés dans l'ensemble des collections de la bibliothèque royale. Quand ce plan aura reçu son entière exécution, un simple coup d'œil jeté sur l'une de ces tables indiquera sur-le-champ à l'historien, à l'érudit, au géographe, les pièces qui peuvent se rattacher à l'objet spécial de ses recherches. Il serait superflu d'insister sur l'utilité d'un pareil travail; il aura évidemment pour résultat de livrer à l'histoire, et aux sciences qui s'y rattachent, une masse énorme de documents dont elles n'ont pu s'aider qu'incomplétement jusqu'à ce jour. Mais ce résultat, SIRE, quelque précieux qu'il soit, ne répondrait pas entièrement aux vues de VOTRE MAJESTÉ, s'il ne nous amenait aussi à mettre au jour, dès à présent, ceux de ces documents qui présentent une véritable importance sous le rapport historique : déjà les mesures sont prises pour que ce but soit très-prochainement atteint. Parmi les pièces inédites qui ont été relevées et analysées, le comité central déterminera celles qui, par leur nature et en raison de l'intérêt qu'elles peuvent offrir, mériteront d'entrer dans la collection imprimée des documents relatifs à l'histoire de France. Cette publication commencera, je l'espère, en 1836.

M. Champollion-Figeac, indépendamment de la direction des travaux de dépouillement qui s'exécutent à la bibliothèque royale, s'est chargé, en outre, de recueillir et de publier les lettres des rois, reines, princes et princesses de France, aux rois, reines, princes et princesses d'Angleterre, depuis le milieu du XIIe siècle jusqu'à la fin du XVIe. Les matériaux de cette publication sont rassemblés en grande partie. L'impression en est commencée et sera terminée dans le cours de l'année qui va s'ouvrir.

Plusieurs monuments inédits, qui appartiennent à l'histoire de la France sous les deux premières races et le commencement de la troisième, seront aussi publiés successivement, sous la direction de M. Guérard, membre de l'institut et du comité. La transcription de l'un de ces monuments, le Cartulaire de la célèbre abbaye de Saint-Bertin, vient d'être achevée d'après le manuscrit appartenant à la bibliothèque de la ville de Saint-Omer, et le travail nécessaire à la publication, confié à M. Claude, se poursuit sous les yeux de M. Guérard, de manière à pouvoir être imprimé en 1836. Cette publication sera suivie de celle du Cartulaire de l'église de Notre-Dame de Chartres, non moins important que celui de l'abbaye de Saint-Bertin, par sa date et par la nature des titres qu'il renferme.

Tels sont, SIRE, les travaux qui ont été exécutés ou commencés durant le cours de l'année 1835 à la bibliothèque royale.

Un zèle, sinon aussi fructueux, du moins aussi actif, a été déployé dans les départements, et déjà la plupart des bibliothèques ou collections d'archives ont été l'objet de soigneuses explorations. Les correspondants de mon ministère ont été aidés dans leurs recherches par les personnes que j'ai envoyées en divers lieux, et par un grand nombre d'hommes instruits qui se sont offerts d'eux-mêmes à l'administration. Plusieurs conseils généraux et municipaux ont voté des fonds extraordinaires pour l'inventaire et le classement de leurs archives. Je me contenterai d'indiquer à VOTRE MAJESTÉ les plus importants de ces travaux.

M. le Dr Leglay, l'un de mes correspondants les plus actifs et les plus éclairés, a été chargé de mettre à jour les riches dépôts du département du Nord, et particulièrement ceux de Lille et de Cambrai. Il a continué les inventaires qui furent dressés avec tant de soin par les Godefroy avant 1789; il a signalé, dans le catalogue des manuscrits de Cambrai, deux chapitres de la Chronique de Molinet qui ne se trouvent point dans l'édition imprimée; il a fait connaître enfin deux ouvrages qui paraissent dignes d'attention, les « Mémoires de Robert d'Esclaibes, » gentilhomme du Hainaut, qui servait dans l'armée de la Ligue du temps de Henri III et de Henri IV, et ceux « du baron de Vuverden, » contenant une foule de notions intéressantes et inédites sur les affaires publiques du XVIIe siècle.

MM. Redet et de la Fontenelle ont exploré les archives de Poitiers, M. Moreau celles de Saintes, M. Maillet celles de Rennes, M. Monnier celles du Jura. Des travaux analogues ont été commencés par M. Mermet à Vienne, en Dauphiné; par M. Ollivier à Valence, par M. Morellet à Albi, par M. de Formeville à Lisieux, par M. Maillard de Chambure à Dijon et à Sem[illegible]. Divers manuscrits et documents curieux déposés à la bibliothèque de Lyon ont été signalés et étudiés par MM. Monin et Péricault.

En même temps que les correspondants du ministère recherchaient sur place les monuments inédits relatifs à l'histoire de leurs villes ou de leurs anciennes provinces, plusieurs voyages étaient entrepris par mes ordres, soit en France, soit à l'étranger.

M. Weiss a été chargé d'entreprendre une tournée dans les départements du Doubs et du Jura, afin d'y examiner toutes les collections publiques ou particulières de livres et de manuscrits.

M. Michelet a visité tous les dépôts qui se trouvent de Poitiers à Bayonne, de Pau à Toulouse et Montauban, de Cahors à Bourges et Orléans. Le résultat de ses investigations est consigné dans un rapport étendu qu'il m'a remis à son retour.

M. Granier de Cassagnac, en se rendant dans le midi de la France, s'est mis en relation personnelle avec les correspondants de mon ministère établis dans toutes les villes qu'il a parcourues; il s'est enquis auprès d'eux de l'état des dépôts qu'ils sont appelés à consulter, des résultats qu'ils ont obtenus jusqu'à ce jour, de la direction qu'il conviendrait de donner à leurs recherches ultérieures, et des moyens qu'on pourrait mettre à leur disposition pour les aider dans leur travail.

Le voyage de M. Francisque Michel en Angleterre a donné des résultats assez considérables. Il a transcrit la « Chronique rimée des ducs de Normandie, » par Benoît de Sainte-More; « l'Histoire des rois Anglo-Saxons, » de Geoffroi Gaimar; le poëme désigné par le savant abbé de La Rue sous le titre de « Voyage de Charlemagne à Constantinople, » et plusieurs autres ouvrages dont les originaux manquent à la France. Il a fouillé les vastes collections du Musée Britannique, les bibliothèques des universités d'Oxford et de Cambridge, et a pris note de tous les manuscrits qui lui ont paru offrir quelque intérêt pour notre histoire et notre ancienne littérature nationale.

Le second comité établi près mon ministère s'est occupé exclusivement des monuments qui se rapportent aux divers développements de l'intelligence humaine dans notre patrie. Ces monuments se distinguent naturellement en deux classes : les uns intéressent l'histoire des sciences, des lettres, de la philosophie; les autres celle de l'art, envisagé sous toutes ses formes et dans ses productions de toute nature. Ces deux ordres de travaux ne sauraient être conçus ni exécutés d'après le même plan. Pour tout ce qui tient à l'histoire philosophique, scientifique et littéraire, il s'agit, de même que pour l'histoire politique et sociale, de recueillir et de publier des manuscrits inconnus ou inédits, de compulser par conséquent les bibliothèques de Paris et des départements, d'examiner la valeur des résultats fournis par cette investigation, et de décider quels sont les manuscrits qui doivent être livrés à la publicité. Cette marche a été suivie par le second comité comme elle l'avait été par le premier. Une circulaire contenant des instructions précises et détaillées sur cet objet a été adressée à tous les correspondants de mon ministère[1].

Le recueil des « Fragments inédits d'Abailard, » publié par M. Cousin, est presque entièrement imprimé, et paraîtra avant trois mois. Ce recueil se compose de trois parties distinctes : 1° fragments du *Sic et Non*, formant environ un grand tiers de l'ouvrage original; 2° fragments d'un traité de dialectique, sous la forme d'un long commentaire d'Abailard sur l'*Organon* d'Aristote; 3° fragments et opuscules philosophiques d'Abailard. Dans cette dernière partie se trouvent des *Glossæ in Porphyrium*, qui méritent d'être lues avec soin. Ce volume est d'une importance réelle pour l'histoire de la philosophie scolastique, et le gouvernement seul pouvait faire les frais d'une telle publication.

Un travail spécial, destiné à servir en quelque sorte d'introduction aux publications du comité chargé de la recherche de nos monuments littéraires, a été confié à M. Sainte-Beuve, l'un de ses membres. Ce travail doit consister en un compte rendu précis et complet des développements successifs qu'ont reçus en France, durant les trois derniers siècles, l'étude et l'histoire critique de notre ancienne littérature[2]. Ainsi, au mo-

[1] Pièces, n° IX.
[2] Pièces, n° X.

ment où cette partie si intéressante de la vie intellectuelle du pays recommence à exciter parmi nous une curiosité si générale et si vive, M. Sainte-Beuve rappellera, résumera et appréciera, avec la sagacité qui le distingue, toutes les recherches dont elle a déjà été l'objet depuis le commencement du XVIe siècle jusqu'à nos jours.

Quand on quitte les sciences et les lettres pour s'occuper des arts, il faut nécessairement changer de méthode. Ici il ne s'agit plus de découvrir et d'imprimer des ouvrages inédits. A part quelques traités spéciaux et en petit nombre, l'histoire des arts n'est point dans les livres; elle est écrite dans les monuments eux-mêmes, dont les formes, variables suivant les temps et les lieux, représentent non-seulement les principes et les règles suivies par les diverses écoles, mais surtout l'esprit, les idées, les connaissances mêmes qui appartiennent aux siècles qu'elles rappellent. Ce sont donc les formes des monuments qu'il faut reproduire, au moyen d'une description courte mais exacte, en ayant soin de noter minutieusement les différences caractéristiques qui se remarquent dans chacun d'eux. Tous les monuments qui ont existé ou existent encore sur le sol de la France seront l'objet d'une étude particulière dans chaque commune, dans chaque hameau, dans chaque groupe d'habitations. Aux notices descriptives on joindra souvent un plan, une coupe et au moins une ou deux élévations des constructions qu'on aura mentionnées; tous les plans et dessins seront ramenés, autant qu'il sera possible, à une échelle unique, et l'ensemble de ces travaux formera une véritable statistique monumentale de la France, étudiée à ses différents âges.

En ce moment M. Ramey exécute un spécimen de ce travail pour tous les monuments qui existent dans trois cantons du département de l'Oise, et M. Grille de Beuzelin, pour deux arrondissements du département de la Meurthe.

M. Mérimée, inspecteur des monuments historiques de la France, et l'un des membres du comité, a parcouru, pendant les derniers mois de cette année, toute l'ancienne province de Bretagne. Les nombreuses observations qu'il m'a transmises intéressent principalement l'histoire de l'architecture bretonne, dans laquelle il croit avoir reconnu un style particulier. Il m'a adressé, en outre, ainsi qu'à M. le ministre de l'intérieur, diverses propositions relatives à la conservation des édifices du moyen âge qu'il a visités. Enfin, il s'est rendu, par mes ordres, dans le département de la Vienne, afin d'y examiner les restes de l'ancienne abbaye de Charroux, de constater l'état actuel de ce monument, et de faire les démarches nécessaires pour en assurer la conservation.

Partout M. Mérimée a remarqué un grand empressement à garder et à étudier les monuments de notre histoire. Des sociétés savantes s'occupent du soin de les décrire; un grand nombre d'artistes et de particuliers entreprennent des fouilles à leurs frais; chacun s'efforce d'entrer, autant qu'il est en son pouvoir, dans les vues de l'administration. Cependant de telles recherches exigent des connaissances spéciales, et par conséquent doivent être dirigées d'après des instructions détaillées et précises. Le comité s'est chargé de rédiger ces instructions qui constitueront, à elles seules, un travail considérable. M. Albert Lenoir, membre du comité, s'est occupé de tout ce qui concerne les monuments publics gaulois, grecs, romains et chrétiens, jusqu'au XIe siècle; M. Auguste Le Prévost, des monuments religieux depuis le XIe siècle jusqu'à nos jours;

M. Mérimée, de l'architecture militaire de toutes les époques, en y comprenant les routes qui, dans l'origine, sont toutes militaires. M. Lenormant a traité de tous les monuments meubles des divers âges, des vases et ornements, des médailles, des vignettes et manuscrits à miniature, etc. etc. La première partie de ces instructions est complétement achevée et sera bientôt livrée à l'impression. Des gravures sur bois, ajoutées à l'ouvrage, en rendront l'intelligence plus nette et plus facile.

J'ai pensé qu'au moment où l'on exécute avec tant de soin la carte de France, au ministère de la guerre, il serait utile de faire dresser, par les habiles ingénieurs de ce département, une carte de la vieille France, avec l'indication de ses voies antiques et des anciennes villes de toutes les époques. M. le général baron Pelet, directeur du dépôt de la guerre, a accueilli cette proposition, et il a offert d'extraire de la grande carte de France une carte en quatre feuilles, où tous les monuments et toutes les données relatives à l'archéologie seront notés d'une manière particulière. M. le général Pelet a donné des instructions en ce sens à MM. les officiers d'état-major chargés de la rédaction de la carte générale.

Un dernier travail enfin complétera celui du comité. Il existe, sans doute, un assez grand nombre d'hommes capables de lire les anciennes écritures des manuscrits ou des inscriptions monumentales; toutefois, ces connaissances paléographiques ne sont pas, à beaucoup près, suffisamment répandues; plus elles deviendront vulgaires, plus les monuments anciens seront connus et appréciés, plus aussi les recherches entreprises sur tous les points de la France acquerront de valeur et de certitude. L'enseignement des habiles professeurs de l'école des chartes ne s'adresse qu'à un petit nombre d'élèves rassemblés à Paris. D'une autre part, les traités de paléographie qui sont entre les mains des savants ne sont que d'un faible secours pour ceux qui veulent se livrer à cette étude. Les ouvrages des bénédictins sont trop volumineux ou manquent de méthode; d'autres offrent des planches mal exécutées; les traités allemands sont d'une science diplomatique trop haute et ne peuvent être utiles que pour les manuscrits germaniques. Un seul livre de ce genre, composé en anglais, celui de Thomas Astle, est excellent pour les travaux du moyen âge; les écritures cursives et calligraphiques y sont représentées dans de nombreux exemples, avec abréviations et alphabets chronologiques. Il m'a paru qu'il serait utile de répandre dans le public un ouvrage semblable, qui apprendrait à reconnaître les divers modes d'écriture employés en France dans tout le cours du moyen âge, et donnerait les abréviations les plus usitées et les exemples les plus frappants empruntés à chaque siècle, dans les manuscrits du Nord et dans ceux du Midi. Ce but sera complétement atteint, au moyen d'une douzaine de planches ajoutées au texte. J'ai chargé de la rédaction de ce manuel paléographique M. Natalis de Wailly, chef de la section administrative des archives du royaume, dont le zèle et l'instruction m'étaient particulièrement connus. Cette publication, sans prétention scientifique, mais d'une utilité pratique incontestable, marche rapidement et sera bientôt terminée.

Tel est, Sire, l'ensemble des travaux historiques exécutés pendant le cours de l'année 1835. Votre Majesté pensera, je l'espère, qu'une utile impulsion a été donnée, et je crois pouvoir l'assurer que les résultats obtenus en garantissent de plus importants encore. Ainsi la France devra à la haute protection de Votre Majesté, aidée du concours éclairé des Chambres, une illustration plus complète de ses annales, et, ce qui n'est pas un moindre bienfait, une carrière nouvelle ouverte aux hommes actifs et laborieux qui veulent se vouer à l'étude sérieuse du passé de notre patrie; étude non-seulement pleine d'attrait, mais propre à élever l'esprit et la moralité de la nation.

Je suis avec le plus profond respect,

SIRE,

De VOTRE MAJESTÉ,

Le très-humble et très-obéissant serviteur et fidèle sujet.

Le Ministre Secrétaire d'état
au département de l'instruction publique,

GUIZOT.

Paris, 2 décembre 1835.

IV.

Le Ministre Secrétaire d'État au département de l'instruction publique

Arrête ce qui suit :

ARTICLE PREMIER.

Il est formé, près le ministère de l'instruction publique, un comité chargé de concourir, sous la présidence du ministre, à la direction et à la surveillance des recherches et publications qui doivent être faites, à l'aide des fonds votés au budget de l'exercice 1835, sur les documents inédits relatifs à l'histoire de France.

ART. 2.

Sont nommés membres du comité :

MM. Villemain, pair de France, vice-président du comité en l'absence du ministre;

Daunou, membre de l'institut, garde général des archives du royaume;

Naudet, membre de l'institut;

Guérard, membre de l'institut;

Mignet, membre de l'institut;

Champollion-Figeac, conservateur au département des manuscrits de la bibliothèque royale;

6

MM. FAURIEL, conservateur-adjoint de la bibliothèque royale, professeur à la faculté des lettres;

VITET, secrétaire général du ministère du commerce;

Jules DESNOYERS, secrétaire de la société de l'histoire de France;

GRANIER DE CASSAGNAC.

FALLOT, élève de l'école des chartes, qui remplira les fonctions de secrétaire du comité.

ART. 3.

Pourront être adjointes au comité et assister aux séances, d'une manière soit temporaire, soit permanente, les personnes chargées de travaux spéciaux relatifs à la recherche et à la publication des documents dont il s'agit.

ART. 4.

Le comité se réunira au moins une fois tous les quinze jours.

Paris, le 18 juillet 1834.

GUIZOT.

V.

Le Ministre Secrétaire d'État au département de l'instruction publique,

Vu l'article 53 du chapitre VIII du budget de l'exercice 1835, en vertu duquel il est alloué au ministère de l'instruction publique un crédit de 120,000 francs, consacré à la recherche et à la publication des monuments inédits de l'histoire de France ;

Considérant qu'il importe de réunir dans une série distincte tous les documents qui peuvent se rapporter à l'histoire morale et intellectuelle du pays,

Arrête ce qui suit :

ARTICLE PREMIER.

Il est formé, près le ministère de l'instruction publique, un comité spécialement chargé de concourir, sous la présidence du ministre, à la recherche et à la publication des monuments inédits de la littérature, de la philosophie, des sciences et des arts considérés dans leurs rapports avec l'histoire générale de la France.

ART. 2.

Sont nommés membres de ce comité :

MM. COUSIN, pair de France, conseiller au conseil royal de l'instruction publique, vice-président du comité;

VITET, secrétaire général du ministère du commerce, membre de la Chambre des députés;

Auguste LEPRÉVOST, député du département de l'Eure;

Pierre MÉRIMÉE, inspecteur général des monuments historiques;

Victor HUGO;

Ch. LENORMANT, conservateur adjoint au département des médailles antiques de la bibliothèque royale;

Albert LENOIR, architecte;

DIDRON, secrétaire du comité.

Paris, le 10 janvier 1835.

GUIZOT.

VI.

LE MINISTRE SECRÉTAIRE D'ÉTAT AU DÉPARTEMENT DE L'INSTRUCTION PUBLIQUE,

A M. le Préfet du..........

MONSIEUR LE PRÉFET,

Les bibliothèques publiques des départements sont depuis quarante ans dans une situation qu'on peut appeler provisoire : formées en général par le hasard, sans but, sans méthode; collections précieuses, mais presque toujours incohérentes, d'ouvrages de tout genre amoncelés autrefois dans les monastères, et transportés pêle-mêle dans chaque district du département, ce sont bien souvent des dépôts de livres plutôt que des bibliothèques.

Un tel état de choses doit cesser. Je me propose de prendre ou de provoquer des mesures qui me permettent de vivifier ces établissements, et d'en faire un puissant moyen d'instruction, non-seulement en coordonnant leurs richesses, mais en les augmentant, et surtout en les appropriant aux besoins spéciaux des populations. J'essaierai, en même temps, dans l'intérêt général de la science, de tirer de la poussière et de mettre en circulation les trésors inconnus qu'elles ne peuvent manquer de recéler.

Déjà, à diverses époques, le gouvernement a demandé à MM. les préfets des renseignements sur les bibliothèques publiques de leurs départements. Tous n'ont pas répondu à cet appel, et ceux qui ont fourni des renseignements ne sont presque jamais entrés dans des détails assez circonstanciés. L'enquête a donc été incomplète, ou, pour mieux dire, elle n'a pas eu lieu; le moment est venu de l'accomplir; et ce sont les éléments de cette enquête que je réclame de vous, monsieur le préfet. Je vous prie, en me répondant dans le plus bref délai possible, de vous conformer aux instructions que je vais vous tracer.

Ainsi que je viens de vous le dire, mon but est à la fois d'améliorer la situation présente des bibliothèques, de les rendre utiles aux villes qui les possèdent, et de mettre au jour les richesses qui y sont enfouies. Je vous entretiendrai d'abord de ce qui est à faire pour l'amélioration des bibliothèques.

Un fait m'est signalé presque partout : c'est que la plupart des bibliothèques ne sont fréquentées que par un très-petit nombre de lecteurs. Cette indifférence peut bien provenir en partie de l'indifférence pour l'étude elle-même; mais elle a encore une autre cause, savoir : le défaut d'harmonie entre les besoins, la direction d'esprit des lecteurs, et le genre d'ouvrages qu'on peut leur offrir en lecture. Dans telle ville où l'on étudie la médecine, la bibliothèque n'est riche qu'en théologie; dans telle autre où fleurissent les sciences exactes, on n'a que des livres de belles-lettres. On me cite des ports de mer qui ne possèdent pas un livre d'hydrographie, pas une carte marine; des villes manufacturières qui manquent totalement de traités de chimie et de mécanique.

La première chose à faire est de corriger, autant qu'il se pourra, par un systeme d'échanges bien entendu, cette répartition vicieuse des richesses littéraires locales. Dans la plupart des bibliothèques, les mêmes ouvrages et souvent les mêmes éditions existent deux et trois fois. Il y a plus : on trouve dans quelques-unes les premiers volumes d'ouvrages dont un autre dépôt possède les derniers. Enfin il est certaines éditions de luxe, certaines raretés typographiques qui n'ont aucun prix dans telle bibliothèque obscure, tandis qu'elles seraient facilement échangées contre d'excellents ouvrages moins précieux sous le rapport typographique.

Les conseils municipaux, quelles que fussent leur intelligence et leur bonne volonté, ne pourraient accomplir seuls et par eux-mêmes ce difficile travail : l'intervention de l'administration supérieure est indispensable pour rendre les échanges vraiment utiles, non-seulement parce que les communes ne sauraient consommer ces sortes d'aliénations sans y être dûment autorisées, mais parce que l'autorité centrale est seule en position d'imprimer à une telle opération l'unité de direction sans laquelle on n'obtiendrait aucun succès.

Lorsqu'une fois, par l'application de ce système d'échanges, le fonds actuel des bibliothèques aura été mieux réparti et approprié aux convenances des diverses localités, le gouvernement, bien instruit de leurs besoins, pourra distribuer utilement et sans hésitation les livres dont il fait don chaque année aux bibliothèques des départements. Aujourd'hui, ne connaissant ni les livres qu'elles possèdent, ni ceux dont elles manquent, ni ceux qui leur attireraient des lecteurs, il risque de se tromper sans cesse dans cette distribution. La même mesure qui améliorera la situation présente des bibliothèques leur assurera donc dans l'avenir une amélioration progressive.

Voici, monsieur le préfet, quels documens sont nécessaires

à l'administration supérieure pour mener à bien, de concert avec les autorités locales, cette utile opération.

Chaque bibliothécaire devra, dans le plus bref délai, m'adresser, par votre entremise, une copie de son catalogue.

Vous savez, monsieur le préfet, que le décret du 8 pluviôse an XI prescrit aux bibliothécaires de dresser un inventaire exact des livres qui leur sont confiés. Je dois donc supposer que cette formalité indispensable a été partout accomplie; je le dois d'autant plus que des circulaires ministérielles ont, à plusieurs reprises, rappelé et recommandé les sages dispositions de ce décret.

Toutefois je sais que dans plus d'une ville, s'il existe un catalogue, le bibliothécaire peut seul en avoir la clef, faute par lui de s'être conformé, dans la rédaction, aux divisions bibliographiques consacrées par l'usage. Il existe des catalogues faits par ordre de tablettes, d'autres par ordre alphabétique, d'autres par ordre d'entrée dans la bibliothèque. Tous ces modes sont également défectueux. Il est désirable que tous les catalogues soient dressés dans la forme généralement adoptée, c'est-à-dire par ordre des matières, et conformément aux cinq grandes divisions : *théologie*, *jurisprudence*, *sciences et arts*, *belles-lettres* et *histoire*. Vous comprendrez d'ailleurs aisément que, pour le travail général d'échange dont je viens de vous entretenir, il importe qu'il y ait, autant que cela se pourra, conformité dans les documents qui seront consultés.

Veuillez donc, monsieur le préfet, si les catalogues des bibliothèques de votre département n'étaient pas dressés selon la forme convenable, vous concerter avec les autorités municipales pour qu'ils soient refaits ou rectifiés. Mais je ne me dissimule pas que ce travail entraînera nécessairement des lenteurs et probablement des frais, auxquels certaines communes ne pourront suffire seules, du moins dans un court délai. En attendant donc que les catalogues soient complétés ou réformés, et que vous m'en ayez transmis des copies, je vous invite, monsieur le préfet, à m'envoyer provisoirement un état sommaire du nombre des volumes que possède chaque bibliothèque de votre département, et à m'indiquer de quelles espèces d'ouvrages elle est le plus abondamment pourvue.

Soit que vous m'envoyiez cet état, soit que vous m'adressiez la copie du catalogue même, vous voudrez bien ajouter à cet envoi :

1° La liste exacte de tous les ouvrages doubles ou triples;

2° La liste des ouvrages déparcillés;

3° La liste des ouvrages donnés depuis vingt-cinq ans à la bibliothèque par le gouvernement. On notera particulièrement ceux qui, publiés par livraisons, sont demeurés incomplets, soit que l'ouvrage ait cessé de paraître, soit que l'envoi des livraisons ait été interrompu par un motif quelconque;

4° La liste des raretés typographiques, éditions des XVe et XVIe siècles, éditions sur vélin, ouvrages à figures et autres livres de prix;

5° Une note sur les dépenses et les ressources de chaque bibliothèque, sur les sommes affectées à la conservation et à l'achat des livres, sur les chances d'accroissement du fonds de la bibliothèque par donation, succession ou autre voie;

6° Des renseignements sur le nombre habituel des lecteurs, sur leur âge et leur profession, sur les ouvrages qu'ils demandent de préférence; et enfin, l'indication des livres qu'on présumerait devoir amener à la bibliothèque un plus grand nombre de lecteurs studieux.

Je vous prie, monsieur le préfet, de veiller par vous-même à ce que ces indications me soient données.

Je passe maintenant au second objet des instructions que je vous adresse, c'est-à-dire, à la recherche des richesses scientifiques ou littéraires qui demeurent ignorées dans les bibliothèques ou les dépôts des départements, et qu'il serait intéressant de mettre en lumière.

A très-peu d'exceptions près, ce ne sera pas dans les livres imprimés que pourront être faites des découvertes de ce genre: sauf quelques pamphlets, quelques histoires locales, quelques éditions de province, il est très-peu de livres imprimés qui ne soient connus de nos savants bibliographes, et, sous ce rapport, il n'y a pas de résultats importants à espérer.

Mais il n'en est pas de même des manuscrits : jusqu'à présent aucun travail général et complet n'a été entrepris sur les manuscrits des bibliothèques des départements. Il est urgent de s'y livrer.

Les manuscrits des bibliothèques des départements sont de plusieurs natures: les uns purement ecclésiastiques; ce sont des bibles, des missels, des rituels, des psautiers, des évangiles, etc. Les manuscrits de cette sorte ne peuvent être précieux que par leur plus ou moins grande antiquité, par la beauté de l'écriture, la qualité du vélin, la richesse des enluminures; ils appartiennent à l'histoire de l'art, comme les sculptures de nos vieilles cathédrales. Il peut être du plus haut intérêt d'en publier des *fac simile* qui confirmeraient des exemples déjà connus, on révéleraient des faits entièrement nouveaux.

Il est une seconde classe de manuscrits dont les bibliothèques des départements sont moins richement dotées, mais qu'il importe également d'étudier : ce sont les manuscrits d'ouvrages classiques, grecs ou romains. On me signale des manuscrits de

Térence, de Quintilien, de Suétone, de Tite-Live, de Cicéron, des glossaires grecs, des manuscrits palimpsestes, etc. Ces manuscrits ont-ils été collationnés avec assez de soin et par des hommes assez habiles? Ont-ils même été jamais collationnés? Peut-on espérer d'y trouver quelques fragments inconnus des chefs-d'œuvre de l'antiquité? C'est ce dont il faudra s'assurer.

Vient enfin une troisième classe de manuscrits, la plus importante sans doute : je veux parler des manuscrits qui ont rapport à notre histoire nationale. Il n'est point de bibliothèque de département qui ne possède sinon des volumes, au moins quelques pièces inédites, relatives soit à l'histoire de la province, soit à celle de telle ou telle ville, de telle ou telle famille, de tel ou tel individu. Quelquefois ces manuscrits ne sont pas anciens : ce sont des copies de chartes, des journaux, des recueils d'anecdotes écrits par quelque ecclésiastique, par quelque amateur patient et laborieux. Ces pièces, quelle que soit leur date, n'en ont pas moins leur prix. Tout est à consulter, tout est à recueillir en ce genre. Sans doute les bibliothèques de France ne nous fourniront pas toutes, comme celle de Besançon, l'immense et précieuse correspondance d'un cardinal Granvelle, ou comme celle de Poitiers, les recherches et les compilations d'un Dom Fonteneau; mais partout il se trouvera quelques matériaux plus ou moins incomplets, qu'il importera de réunir.

Un tel travail serait imparfait si l'on se bornait à faire des recherches dans les bibliothèques publiques; il est d'autres dépôts, savoir : les archives départementales et communales, qui sont peut-être encore plus riches en documents de ce genre. Rien n'est plus désirable qu'un dépouillement exact de ces archives. Je sais qu'il n'est peut-être pas quinze villes en France où ce dépouillement soit seulement ébauché; je sais que pour mener à fin une telle entreprise il faudra, non-seulement faire quelques dépenses, mais attendre plusieurs années. Quoi qu'il en soit, il faut commencer, et témoigner dès à présent le ferme dessein d'accomplir cette œuvre. Veuillez donc, monsieur le préfet, aviser aux mesures nécessaires pour faire déchiffrer et cataloguer les archives départementales et communales de votre département. Si vous n'avez pas sous la main des personnes capables, ou si tel autre obstacle vous arrête, vous voudrez bien m'en avertir; je m'appliquerai à vous transmettre promptement, ou du moins à préparer les moyens de vous seconder. En attendant, je vous prie de prescrire à tous les bibliothécaires de votre département de m'adresser un catalogue des manuscrits de tout genre confiés à leur garde. Ce catalogue ne devra pas être un simple inventaire, mais une revue, une liste raisonnée, contenant des indications sommaires sur les matières traitées dans les manuscrits, sur le nombre des feuillets, sur la conservation et la beauté des caractères, vignettes, etc. etc.

Tels sont, monsieur le préfet, les renseignements dont j'ai besoin pour atteindre le but que je me propose, et qui doit avoir, pour les villes en particulier comme pour la science en général, de si précieux résultats. J'attache une grande importance à ce qu'ils me soient exactement et promptement adressés. Je ne doute pas que MM. les maires et les conseillers municipaux ne soient disposés à vous seconder; ne négligez rien pour leur faire apprécier tous les avantages que les localités retireront d'un semblable travail et pour vous assurer de leur concours. De mon côté, convaincu qu'il est de l'intérêt général du pays que le zèle local soit encouragé et soutenu dans toutes les entreprises de ce genre, j'examinerai si quelques mesures législatives ne seraient pas nécessaires à cet effet, et j'espère que le Roi m'autorisera, s'il y a lieu, à les provoquer.

Recevez, monsieur le préfet, l'assurance de ma considération distinguée.

Le Ministre Secrétaire d'état
au département de l'instruction publique,

GUIZOT.

Paris, le novembre 1833.

VII.

Le Ministre Secrétaire d'État au département de l'instruction publique,

A MM. les Membres composant la Société.........

Messieurs,

Je vois, par les renseignements que j'ai recueillis sur les diverses sociétés savantes établies dans les départements, que leur situation ne répond pas toujours au but de leur institution, ni aux désirs de leurs honorables membres, et qu'elles ne possèdent pas tous les moyens d'action dont elles ont besoin, ni toute l'influence qu'elles pourraient exercer.

Deux conditions de succès me paraissent manquer surtout aux sociétés savantes, l'encouragement et la publicité. De là, l'inertie des sociétés elles-mêmes qui se sentant, en quelque sorte, abandonnées, n'apportent pas toujours dans leurs travaux l'activité et l'esprit de suite sans lesquels on n'obtient que des résultats très-bornés et fugitifs. De là, aussi, l'indifférence du public qui, n'étant point tenu au courant des efforts des hommes éclairés dont se composent les sociétés savantes, ne les seconde pas de son influence, et laisse périr trop souvent des germes heureux qui méritaient qu'on prît soin de leur développement. Combien de nobles espérances, combien d'utiles tentatives sont ainsi demeurées infructueuses! Les esprits les plus actifs se refroidissent, la tristesse et le découragement s'emparent des âmes, lorsque le zèle n'est pas soutenu, jusqu'à un certain point, par la sympathie et le succès.

Pour mettre un terme à ce fâcheux état de choses, il faut, d'une part, que les sociétés savantes reçoivent du gouvernement, protecteur naturel de l'activité intellectuelle aussi bien que de l'activité matérielle du pays, un encouragement soutenu; de l'autre, que leurs travaux soient effectivement portés à la connaissance du public. Le plus sûr moyen, je pense, d'arriver à ce double résultat, c'est d'instituer, entre ces sociétés et le ministère de l'instruction publique, des relations fréquentes et régulières.

Il ne s'agit ici, messieurs, d'aucune centralisation d'affaires et de pouvoir. Je n'ai nul dessein de porter atteinte à la liberté, à l'individualité des sociétés savantes, ni de leur imposer quelque organisation générale ou quelque idée dominante. Il s'agit uniquement de leur transmettre, d'un centre commun, les moyens de travail et de succès qui ne sauraient leur venir d'ailleurs, et de recueillir, à ce même centre, les fruits de leur activité, pour les répandre dans une sphère étendue. Loin qu'une telle mesure puisse rien faire perdre aux sociétés savantes de leur indépendance ou de leur importance locale, elle doit, au contraire, l'assurer et l'accroître, en donnant plus d'efficacité et de portée à leurs efforts. A l'aide de ces communications habituelles et réciproques, les matériaux et les résultats des travaux intellectuels ne seront plus exclusivement accumulés dans un dépôt unique; ils pénétreront partout: les hommes instruits échapperont ainsi aux inconvénients de l'isolement, et pourront, sans se déplacer, se livrer avec confiance à des études devenues et plus faciles et plus profitables.

Enfin, il est un genre particulier de travaux exécutés à Paris, et pour lesquels une correspondance assidue entre le gouvernement et les sociétés savantes départementales serait de la plus haute importance : je veux parler des recherches qui seront incessamment entreprises sur tous les points du royaume, pour mettre en lumière les monuments inédits relatifs à l'histoire de France. Tant de richesses enfouies dans les départements ne peuvent être recueillies que sur les lieux et par les soins des hommes qui sont restés, en quelque façon, les seuls dépositaires des anciennes traditions locales. C'est principalement dans cette circonstance que la coopération active des sociétés savantes et de leurs nombreux correspondants pourra fournir beaucoup de lumières, épargner beaucoup de missions spéciales, de temps, de dépenses, et concourir puissamment à l'illustration de notre histoire nationale.

Je me propose, messieurs, afin de parvenir, s'il est possible, à ces résultats,

1° D'établir, entre le ministère de l'instruction publique et les diverses sociétés savantes des départements, une correspondance régulière. Les sociétés me feront connaître les travaux dont elles s'occupent ou voudraient s'occuper, ce qui leur manque en ressources de tout genre, livres, instruments de travail, renseignements scientifiques, etc. Je m'appliquerai de mon côté à leur procurer ce qui pourrait leur être nécessaire et à les seconder autant qu'il sera en mon pouvoir;

2° De faire publier, chaque année, sous les auspices du gouvernement, un recueil contenant quelques-uns des mémoires les plus importants présentés aux principales sociétés savantes du royaume, et, en outre, un compte rendu sommaire des travaux de toutes les sociétés, rédigé, soit d'après leurs propres comptes rendus, soit d'après les relations qu'elles m'auront adressées et les indications qu'elles m'auront fournies.

Ce recueil serait un véritable monument de l'activité intellectuelle du pays, en tant du moins qu'elle s'exerce et se manifeste par la voie des sociétés savantes.

Un dernier motif, messieurs, me porte encore à cette mesure, et je n'hésite point à vous l'indiquer. Au moment où l'instruction populaire se répand de toutes parts, et où les efforts dont elle est l'objet amènent, dans les classes nombreuses qui sont vouées au travail manuel, un mouvement d'esprit énergique, il importe beaucoup que les classes aisées, qui se livrent au travail intellectuel, ne se laissent point aller à l'indifférence et à l'apathie. Plus l'instruction élémentaire deviendra générale et active, plus il est nécessaire que les hautes études, les grands travaux scientifiques soient également en progrès. Si le mouvement intellectuel allait toujours croissant dans les masses pendant que l'inertie régnerait dans les régions élevées de la société, il en résulterait tôt ou tard une dangereuse perturbation. Je regarde donc comme un devoir imposé au gouvernement, dans l'intérêt social, de prêter également son appui, et d'imprimer, autant qu'il est en lui, une impulsion harmonique à toutes les études, à la science haute et pure aussi bien qu'à l'instruction pratique et populaire.

Il appartient aux sociétés savantes d'exercer à cet égard une salutaire influence, puisqu'elles renferment dans leur sein l'élite des hommes remarquables par leur instruction, leur position sociale, leur goût éclairé pour les sciences et les lettres.

Je ne doute pas, messieurs, que vous ne vous empressiez de coopérer aux efforts que je me propose de faire dans ce dessein. J'ai donc l'honneur de vous inviter :

1° A me faire connaître, d'une manière précise et détaillée, l'objet habituel des travaux de votre société, et les occupations spéciales auxquelles elle désirerait se livrer, soit qu'elle ait l'intention de s'y livrer tout entière, soit qu'elle veuille en charger quelques-uns de ses membres;

2° A m'indiquer ses besoins, et, en général, tout ce qui lui manque pour atteindre plus sûrement le but qu'elle se propose;

3° A me communiquer la liste complète de ses membres et tous les règlements qui la régissent;

4° Enfin, à m'envoyer, chaque année, un compte rendu de ses travaux, et l'un, au moins, des principaux mémoires qui lui auront été présentés, afin que je puisse, de mon côté, prendre connaissance des ouvrages les plus importants des diverses sociétés, et recueillir ainsi les matériaux du compte rendu général.

Vous voudrez bien m'adresser votre correspondance par l'intermédiaire de M. le préfet de votre département.

Agréez, messieurs, l'assurance de ma considération très-distinguée.

Le Ministre Secrétaire d'état
au département de l'instruction publique,

GUIZOT.

Paris, le 23 juillet 1834.

VIII.

LE MINISTRE SECRÉTAIRE D'ÉTAT AU DÉPARTEMENT DE L'INSTRUCTION PUBLIQUE,

A M........., correspondant historique du ministère de l'instruction publique.

MONSIEUR,

J'ai formé le projet de faire rechercher et publier tous les monuments inédits relatifs à l'histoire de France qui peuvent exister dans les bibliothèques et archives de Paris et des départements, dans les diverses collections publiques ou particulières. Vers la fin de l'année dernière, j'ai eu l'honneur de soumettre ce projet à l'approbation du Roi et des chambres, et un crédit de 120,000 francs m'a été ouvert à cet effet dans le budget de 1835.

Je me propose de commencer dès à présent cet important travail, et, afin de n'éprouver aucun retard, j'ai cru devoir arrêter d'avance les dispositions qui m'ont paru les plus propres à assurer son accomplissement.

Un comité central a été institué près le ministère de l'instruction publique, et chargé spécialement de diriger et de surveiller, sous ma présidence, tous les détails d'une si vaste entreprise. J'ai adressé plusieurs circulaires à MM. les préfets dans le but d'obtenir des renseignements positifs et circonstanciés sur la situation des dépôts de tout genre qui sont placés dans le ressort de leur administration; j'ai sollicité la coopération de toutes les académies et sociétés savantes organisées dans les départements; j'ai choisi enfin, parmi les personnes les plus capables de me seconder dans ces travaux, sur tous les points du royaume, un certain nombre de correspondants, avec lesquels je désire entretenir des relations fréquentes et régulières.

Je vous ai désigné, monsieur, comme l'un de ces correspondants; j'espère que vous ne vous refuserez pas à en accepter le titre et les devoirs; j'ai compté sur votre zèle pour notre histoire nationale, et avant de vous transmettre des instructions particulières, relatives aux recherches spéciales qui devront être faites dans votre département, je m'empresse de vous faire passer d'abord un programme d'instructions générales qui peuvent s'appliquer à toutes les localités et servir de règle à toute espèce de recherches. D'après mes ordres, les archives et dépôts publics vous seront ouverts, et vous trouverez, de la part des agents de l'autorité, toutes les facilités désirables pour vous livrer avec fruit au travail que je vous propose.

Une foule de documents précieux, de pièces authentiques, originales ou en copie, étaient déposées autrefois dans les diverses archives des villes, des évêchés, des parlements, des abbayes et congrégations religieuses. Dans la plupart de ces établissements, elles avaient été classées avec ordre, et un inventaire exact en avait été dressé par les soins de leurs anciens possesseurs. La révolution détruisit les établissements eux-mêmes, bouleversa leurs archives, anéantit ou dispersa la plus grande partie des documents qu'elles contenaient : les uns furent transportés confusément dans les chefs-lieux de district; les autres passèrent de main en main, exposés à toutes les chances d'altération que leur faisaient subir l'ignorance ou l'esprit de spéculation.

Il s'agit aujourd'hui de rechercher et de réunir tous les manuscrits de ce genre qui auraient échappé à la destruction et qui seraient de nature à offrir quelque intérêt pour la science historique. Il en est qui présentent une certaine étendue, et qui peuvent fournir à eux seuls la matière d'un ou plusieurs volumes; quelques autres consistent simplement en pièces détachées, chartes, diplômes, ordonnances, lettres ou actes divers, et qui peuvent être rassemblés en corps d'ouvrage. Aucun de ces documents ne doit être négligé.

Je n'ignore pas toutes les difficultés qui s'opposeront, dans beaucoup d'endroits, à l'exécution d'un tel travail; je sais qu'il est fort peu de villes dont les archives ne soient abandonnées au plus grand désordre; il est certain néanmoins qu'une partie considérable des anciennes archives a été sauvée, et qu'à l'aide d'une investigation patiente et laborieuse il sera possible encore d'en retrouver les restes. Afin de vous guider, monsieur, dans ces perquisitions, et de donner un point de départ assuré à toutes les personnes qui voudraient bien m'assister dans cette entreprise, je me suis fait remettre la nomenclature complète de tous les dépôts de titres connus en France avant 1788. Cet état général, qui fut dressé par toute la France en 1784, et dont l'original existe encore au cabinet des manuscrits de la bibliothèque royale, a été décomposé en quatre-vingt-six états particuliers, applicables à chacun des départements actuels, et dans lesquels sont même indiqués les différents arrondissements dans lesquels on pourrait rechercher la trace des anciennes collections.

J'ai l'honneur de vous envoyer ci-joint celui qui se rapporte particulièrement à votre département; il vous indiquera nominativement les villes, les communes et même les établissements qui étaient pourvus d'archives avant la révolution, dans les localités voisines de celle que vous habitez; il vous sera d'un utile secours pour la recherche des matériaux qui existaient autrefois dans ces archives, et dont les débris doivent être conservés actuellement dans les dépôts des diverses communes.

Je vous prie de m'adresser, monsieur, par l'intermédiaire de M. le préfet de votre département, tous les renseignements que vous pourrez recueillir, soit sur ces dépôts eux-mêmes et leur situation, soit sur les pièces qu'ils renferment. Si vos travaux ou le hasard vous faisaient rencontrer quelques manuscrits ou documents intéressants, vous voudriez bien m'en donner avis; je ferai part au comité central des découvertes que vous m'aurez signalées, et, dans le cas où il serait décidé que ces documents sont dignes, par leur importance, d'être mis au jour, je ferai rechercher soigneusement toutes les autres pièces qui pourront se rapporter au même sujet; je les rassemblerai en un seul et même ouvrage, et je chargerai un ou plusieurs membres du comité d'en surveiller la publication, sans vous enlever toutefois l'honneur d'attacher votre nom à votre découverte.

Vous aurez peut-être besoin, monsieur, d'être aidé dans ces recherches même par des hommes intelligents et exercés qui ne se rencontreront pas dans votre département; vous manquerez peut-être des ressources nécessaires pour donner suite à des travaux que vous aurez jugés importants, mais difficiles à exécuter. Adressez-vous à moi, et je chercherai les moyens de surmonter ces obstacles, en envoyant auprès de vous des jeunes gens habitués aux recherches de cette nature, ou bien en vous fournissant toutes les indications que vous m'aurez demandées. S'il existait, dans le département où vous avez fixé votre domicile, quelques hommes instruits et d'un mérite solide dont la collaboration pût m'être utile, je vous serai obligé de me les faire connaître; je n'ai pas besoin, toutefois, de vous faire observer, à cet égard, qu'il est certaines conditions sans lesquelles on ne saurait être propre à un semblable travail; il ne suffit point, pour s'y livrer avec succès, d'avoir le goût de l'étude ou le talent d'écrire, de s'être adonné même aux recherches générales de l'histoire; il faut posséder, en outre, des connaissances paléographiques toutes particulières qui ne s'acquièrent qu'à force de temps et de patience; l'art de déchiffrer les anciens manuscrits ne s'apprend point en quelques jours, et celui qui n'aurait pas, au moins à un certain degré, cette instruction préalable, risquerait de tomber souvent dans les erreurs les plus graves et les plus funestes.

Au surplus, quiconque se sentira capable de travailler sérieusement et avec suite dans la voie que j'ai l'honneur de vous indiquer sera indemnisé de ses efforts par le gouvernement; j'ai exprimé cependant l'intention positive de ne point accorder de traitement fixe et réglé d'avance; les indemnités viendront après le travail et seront proportionnées aux résultats obtenus et constatés.

Dans le but d'éviter à toutes les personnes qui voudront bien me seconder des recherches pénibles et peut-être inutiles, je crois devoir vous adresser un certain nombre de questions et d'observations qui vous indiqueront particulièrement la nature des recherches qui doivent être entreprises par toute la France, et vous serviront de règle dans vos travaux.

1° Parmi les documents relatifs à l'histoire de France qu'il s'agit de rechercher et de réunir, les uns sont conservés dans les bibliothèques et comprennent les histoires, les chroniques, les mémoires, les relations, les notices, les journaux, les biographies; les autres sont des pièces d'archives, et consistent principalement en registres, rôles, comptes, cartulaires, chartes, diplômes, lettres, etc. Quelques-uns sont relatifs à l'histoire politique et sociale du pays, à sa législation, à ses institutions générales ou locales; il en est enfin qui se rapportent particulièrement à l'histoire philosophique et littéraire, à l'histoire des arts et de leurs monuments.

2° Toutes les fois qu'un manuscrit ou document inédit de quelque importance aura été découvert, on devra m'en donner avis sur-le-champ, en ayant soin d'indiquer, dans une courte notice, son âge et sa date, son titre, sa forme ou son format, l'énoncé de la période historique embrassée par l'ouvrage, l'aperçu de ce qu'il contient, ses rapports avec les ouvrages imprimés les plus connus; on dira s'il est écrit sur parchemin, sur papier, sur papyrus d'Égypte ou sur écorce d'arbre; de quel dépôt ou collection il est tiré; on en donnera un *fac simile,* dans le cas où il paraîtrait fort ancien; et, dans tous les cas, on prendra copie des premières et dernières phrases soit de l'ouvrage entier, soit, suivant les circonstances, des différents livres dont il se compose.

3° Si le manuscrit n'est pas daté, on examinera si les raies sur lesquelles s'appuient les lignes d'écriture sont tracées à la pointe sèche (avant 1200); au plomb (du XIe au XIVe siècle) ou en rouge (du XIVe au XVe siècle); si les *i* simples sont accentués (après 1200) ou pointés (après 1400); si l'*u* est surmonté d'un ou de deux accents aigus (du Xe au XIIe siècle); si les mots sont séparés entre eux ou non; si l'*æ* est formé d'un *a* et d'un *e* conjoints (avant 1200) ou d'un *e* simple (du XIIIe au

XVe siècle), ou d'un ẹ (avant 1100); si les chiffres sont arabes (après 1200); à quelle distance les signatures des cahiers, si toutefois il y a des signatures, sont placées au-dessous de la ligne inférieure.

4° Quant à ce qui regarde plus spécialement les chartes, on aura soin d'indiquer si elles ont des sceaux; si les sceaux sont plaqués ou pendants; s'ils sont ronds ou ovales, en cire ou pâte blanchâtre, verte ou rouge; si les attaches sont en soie ou en parchemin.

5° Il ne faudra jamais s'en rapporter uniquement au titre des manuscrits, ni même à la table de leurs matières; mais on parcourra chaque manuscrit, pièce par pièce, feuille par feuille, page par page; on regardera avec attention les feuilles volantes, la reliure, les marges et les notes diverses qui peuvent avoir été ajoutées au commencement, à la fin ou dans le courant de l'ouvrage.

Relativement aux collections de pièces, telles que titres, rôles, etc., on distinguera les pièces détachées de celles qui sont inscrites sur des registres suivis.

6° Enfin la transcription d'un document en entier ou par extraits n'aura lieu qu'après un examen attentif et sur mon ordre formel.

Telles sont, monsieur, les principales observations que je crois devoir vous adresser dès à présent; je vous prie de les communiquer à toutes les personnes qui vous paraîtraient capables de comprendre ces instructions et de les mettre à exécution. J'ai la ferme confiance que vous ne me refuserez point l'appui que je réclame de vous, et que bientôt, grâce au concours de tous les hommes qui s'intéressent au progrès des études historiques, nous parviendrons à élever un monument digne de la France et des lumières de l'époque actuelle.

Agréez, monsieur, l'assurance de ma considération très-distinguée.

Le Ministre Secrétaire d'état
au département de l'instruction publique,

GUIZOT.

Paris, le décembre 1834.

P. S. Je vous envoie, avec mes instructions, un exemplaire du rapport que j'ai présenté au Roi, et que Sa Majesté a bien voulu approuver, sur le plan général de l'entreprise et les travaux projetés ou déjà commencés.

IX.

Le Ministre Secrétaire d'état au département de l'instruction publique,

A M......... correspondant historique du ministère de l'instruction publique.

Monsieur,

En vous associant à la recherche et à la publication des monuments inédits relatifs à l'histoire de France, j'ai appelé d'abord votre attention sur ce qui concerne l'histoire politique et civile; mais les monuments qui se rapportent aux divers développements de l'intelligence humaine dans notre patrie sont nombreux aussi et dignes de notre intérêt; c'est vers les monuments de ce genre, vers les travaux et les manuscrits relatifs aux sciences, à la philosophie, à la littérature et aux arts, que je viens aujourd'hui diriger particulièrement votre zèle. De telles recherches sont le complément naturel des premières; elles importent essentiellement à la connaissance de notre histoire nationale.

J'ai institué, près mon ministère, un second comité chargé spécialement de surveiller, sous ma présidence, cette seconde partie de la grande entreprise historique pour laquelle je réclame, monsieur, votre laborieux concours.

Les instructions que j'aurai l'honneur de vous adresser à ce sujet s'appliqueront, les unes aux travaux à faire pour la découverte et la publication des manuscrits enfouis dans les bibliothèques, archives et collections; les autres à un grand ensemble de recherches et d'études d'une nature différente sur les monuments d'art en France, monuments bâtis ou monuments meubles, monuments religieux, militaires, civils, etc. C'est uniquement des instructions de la première classe que j'ai le dessein de vous entretenir aujourd'hui, et je les diviserai selon les objets auxquels elles s'appliquent.

SCIENCES EXACTES ET NATURELLES.

Les sciences dites *exactes* sont à peu près nulles en France au moyen âge, c'est-à-dire jusqu'au XIe siècle. Il restait à peine quelque chose d'Euclide, que Boëce avait conservé. Il n'y avait un peu de science mathématique que dans les traités destinés à déterminer le jour de Pâques, et à donner une forme plus constante au calendrier. Ce serait dans ces traités (*de computo, de cyclo paschali*), et dans ce qu'on pourrait retrouver d'inédit de Bède, d'Alcuin, d'Abbon, abbé de Fleury, de Gerbert, qu'il y aurait à rechercher quelques vestiges des connaissances mathématiques en cette première période.

Avec l'influence des Arabes, et à la suite des voyages de Gerbert, de Pierre le Vénérable, etc., la science s'introduit; les mathématiques, la physique, sous le nom de *météorologie*, la médecine, sous le nom de *physique*, se propagent dans l'Occident : il serait précieux de découvrir quelques-unes des anciennes traductions faites par des chrétiens ou des juifs qui allaient en Espagne; on pourrait, parmi ces traductions de l'arabe, retrouver quelques ouvrages inédits que les Arabes eux-mêmes auraient traduits des Grecs.

Parmi les anciens poëtes provençaux, plusieurs s'occupèrent de mathématiques; mais leurs ouvrages ont été perdus. Ce furent les premiers essais de la science française. En tête des anciens romans bretons, dans les généalogies qui figurent au commencement de ces poëmes, on saisit la trace des systèmes astronomiques, de ceux qui sont venus du Nord en particulier.

On noterait dans les plus anciens manuscrits l'emploi des chiffres dits *arabes*, et l'on indiquerait leur forme.

Rencontrerait-on, avant Guy d'Arezzo et Jean de Murris, des traités ou des indications sur le système de musique moderne?

Au XIIIe siècle, au siècle d'Albert le Grand, arrivent les grandes encyclopédies, où s'amassent et s'organisent tous les éléments de la science d'alors. Les mathématiques y tiennent moins de place que la physique, et surtout que la dialectique et la théologie. Ces encyclopédies sont presque toutes inédites. Il y en a beaucoup en français, et des étrangers même employaient à dessein cette langue. Brunetto Latini, maître du Dante, écrivait en français son *Trésor*, que Napoléon avait songé à faire imprimer avec des commentaires, et aux frais de l'État[1].

Des passages intéressants sur l'état des sciences mathématiques, physiques, cosmographiques et naturelles, se rencontrent dans des ouvrages en vers, qui étaient des espèces de répertoires et de compilations universelles. Ainsi les *Bestiaires* appartiennent à la fois à la science naturelle et à la poésie de ces temps; ainsi, dans la *Bible* de Guyot de Provins est le pas-

[1] Une commission avait été désignée par lui à cet effet.

sage célèbre sur la boussole : on cite, d'un autre ouvrage en vers, un passage sur les antipodes. D'autres textes semblables peuvent, en se rencontrant, éclaircir l'origine de certaines inventions ou la date de certaines connaissances (verres à lunettes, poudre à canon, feu grégeois, etc.).

La date et l'origine de l'astrologie et de la magie, l'introduction et les progrès en France de l'alchimie et des sciences occultes, qui se développèrent principalement au XIVe siècle, sont des points encore intéressants à déterminer, indépendamment même de ce qu'il y a de vain dans ces sortes de sciences.

Tous les traités spéciaux qui concerneraient l'art de la peinture sur verre, la fabrication ou l'emploi des couleurs, les teintures sur laine et sur soie, seraient encore d'une valeur inestimable pour la science et l'art modernes.

La médecine de ces siècles, même avant que l'anatomie et la physiologie l'aient éclairée, peut fournir quelques renseignements à la nôtre, tant sur les maladies particulières régnantes alors, et depuis disparues ou modifiées, que sur les divers remèdes empiriques en usage. On ne devrait pas négliger des manuels, des formulaires et *compendium,* servant aux élèves de ces anciennes écoles, s'il s'en rencontrait. On serait attentif aux premières marques de saine observation dans les sciences naturelles : ces siècles possédaient une zoologie, une botanique, qui se reproduisent en partie jusque dans leur architecture.

Les longues et continuelles querelles entre le collége des chirurgiens fondé au XIIIe siècle et la faculté de médecine, ont enfanté un grand nombre d'écrits qui peuvent faire connaître l'état et les prétentions de l'art chirurgical depuis Lanfranc jusqu'à Ambroise Paré.

Existe-t-il en français ou en latin quelque ouvrage sur l'algèbre, antérieur au XVIe siècle? Léonard Fibonacci, Italien, qui avait étudié sous les Arabes à Bougie, paraît être le premier introducteur de l'algèbre parmi les chrétiens. Ses ouvrages existaient encore manuscrits dans le siècle dernier; ils ont disparu depuis quatre-vingts ans environ : ne peut-on espérer de les retrouver?

Les questions se multiplient en avançant vers le XVIe siècle, et je n'énumère pas tout ce qu'on pourrait demander d'utile et de nouveau à cette époque véritablement savante, où la connaissance directe de l'antiquité et l'essor du génie moderne redoublent d'émulation. Mais on devra arriver, dans la voie des recherches que je sollicite, à fixer avec plus de précision les circonstances et l'origine des inventions mémorables en astronomie, en agriculture, en art militaire, qui ont changé la face de la science et de la société. L'emploi de la vapeur dans les machines se voit au XVIIe siècle : en serait-il fait mention quelque part auparavant?

Y a-t-il d'anciens voyages inédits appartenant au XVIe siècle, et surtout aux siècles précédents?

Dans les traductions sans nombre qui se firent alors des auteurs grecs en latin et en français, certaines traductions inédites pourraient être utiles, sinon à mettre au jour, du moins à examiner.

L'imprimerie n'a pas mis au jour, autant qu'il serait naturel de le croire, tous les écrits importants des savants du XVIe siècle et du XVIIe. Des correspondances, des manuscrits scientifiques inédits existent encore ou peuvent se retrouver, bien qu'on les ait supposés perdus. On avait déclaré perdue la correspondance de Peiresc, qui intéresse autant l'histoire de la littérature que celle des sciences; elle a été recouvrée depuis. Les manuscrits de Fermat, qu'on a dit brûlés par son fils après sa mort, ne l'ont pas été, en effet, selon toute vraisemblance. On a publié, il y a quelques années, un ouvrage mathématique de Descartes qu'on ne s'attendait pas à rencontrer : il peut en être ainsi, à plus forte raison, de ses savants prédécesseurs du XVIe siècle, de Viète, par exemple. On n'a pas tous les écrits mathématiques de Pascal, qui, soumis à l'examen de Leibnitz, ont été mentionnés dans la lettre de ce dernier. Il ne faudrait pas être détourné dans ces sortes de recherches par le caractère anonyme des manuscrits, car des indications intrinsèques ou indirectes peuvent conduire à déterminer sûrement l'auteur. Pascal, Fermat, Roberval, Stevin, etc., de tels noms sont bien propres à rehausser la découverte, possible encore, qu'on ferait de quelqu'un de leurs écrits.

PHILOSOPHIE.

En ce qui concerne la recherche des manuscrits traitant de matières philosophiques, on n'aura pas à s'occuper beaucoup de ce qui peut s'être fait avant le XIIe siècle : 1° parce que les œuvres philosophiques antérieures à ce siècle, comme celles de saint Anselme, de Jean Scot ou Érigène, etc., existent imprimées; 2° parce que la scolastique, qui est la grande philosophie du moyen âge, n'était pas véritablement fondée ; 3° parce que les auteurs de ces œuvres antérieures au XIIe siècle appartiennent rarement à la France.

Ce n'est pas à dire pourtant qu'aucun manuscrit de ce genre, si l'on venait à en rencontrer, dût être négligé. Il ne serait pas impossible de retrouver de nouvelles lettres d'Alcuin.

Mais on s'attachera principalement au XIIe siècle : 1° parce que c'est l'ère véritable de la scolastique; 2° parce que c'en est surtout le commencement en France; 3° parce qu'il y a très-peu d'écrits philosophiques de ce temps qui aient été publiés.

On recherchera donc s'il n'existe pas des manuscrits contenant quelque traité d'Abailard. Déjà l'on vient de retrouver son *Sic et Non* et plusieurs traités de dialectique. Il est certain (et il le dit lui-même) qu'il avait fait des leçons sur toutes les parties de la philosophie : ce seraient ces leçons qu'il y aurait un grand intérêt à retrouver, ne fussent-elles rédigées que par quelqu'un de ses élèves. Il en est de même de Guillaume de Champeaux, ce maître si célèbre en son temps, et dont il n'a été imprimé qu'un très-petit écrit, *de Origine animæ.* Il doit se retrouver aussi quelque chose de Gilbert de la Porrée, un des élèves les plus distingués d'Abailard. Guillaume de Conches était aussi à cette époque un maître célèbre dont il n'a été publié que peu d'ouvrages.

Enfin, en lisant la description fidèle que Jean de Salisbury nous donne de l'état de l'enseignement à Paris au milieu du XIIe siècle, de la multitude des maîtres et de la diversité des opinions, il est impossible de ne pas espérer qu'avec des recherches patientes et bien dirigées, on arriverait à retrouver beaucoup de choses précieuses et nouvelles.

Dans les siècles suivants, les ordres religieux qui se sont successivement établis ont cultivé la renommée de chacun de leurs membres; de là les éditions, au moins passables, des maîtres célèbres des XIIIe, XIVe et XVe siècles. On a donc moins à espérer de retrouver beaucoup d'ouvrages inédits des maîtres de ces époques; cependant il y a lieu de rechercher si l'on ne découvrirait pas quelques fragments de professeurs célèbres, tels par exemple qu'Occam, qui a enseigné à Paris, et qui, ayant été mal avec l'autorité ecclésiastique, n'a pas eu le bonheur de la plupart des autres maîtres, dont leurs ordres ont recueilli avec soin les ouvrages.

Nous signalons Occam, bien qu'il n'appartienne pas à la France, mais comme ayant professé à Paris. Il faut dire la même chose de Roger Bacon, qui a étudié et professé longtemps à Paris. On sait qu'il y a deux grands ouvrages de Roger Bacon qui, réunis à l'*Opus majus*, composaient son œuvre générale. L'*Opus majus* a été publié; les deux autres écrits, l'*Opus minus* et l'*Opus tertium* ne l'ont pas été. Il serait possible qu'on retrouvât dans une bibliothèque de France quelque copie qui se comparerait utilement avec les manuscrits conservés en Angleterre.

On demandera particulièrement au XIVe et au XVe siècle tout ce qui se rapporte à la grande querelle des Nominalistes et des Réalistes, par laquelle a commencé et par laquelle a fini la scolastique. Pour bien s'assurer de ce qui est réellement inédit, on devra consulter l'*Histoire littéraire de France*, où l'article concernant chaque auteur se termine par une énumération des ouvrages inédits et même des ouvrages réputés perdus. On tirera de là des indications et des directions précieuses. Pour les siècles où l'histoire littéraire des Bénédictins manque, il faudra consulter les divers catalogues et les indications données par les historiens de la philosophie, par Brucker principalement.

Quand on croira avoir découvert quelque chose d'inédit, on tâchera de vérifier si le morceau ne se trouve pas imprimé déjà dans quelqu'une de ces vastes collections où tant de pièces diverses sont rassemblées, dans le *Spicilegium* de d'Achery, dans le *Thesaurus anecdotorum* de Bernard Pez, dans les collections de Durand, de Martenne, et les *Analecta* de Mabillon. Au cas où l'on n'aurait pas sous la main les moyens de vérification, du moment qu'on croira avoir trouvé quelque chose d'inédit qui ait de l'importance, il suffira de m'en écrire, et je transmettrai, avec l'aide du comité, les éclaircissements nécessaires.

Même avant Descartes, il a pu y avoir des essais de philosophie en langue française, dans le genre des traductions et commentaires que Louis le Roy a donnés de plusieurs ouvrages de Platon et d'Aristote. On se garderait de les négliger, non plus que les écrits appartenant à cette philosophie morale moins systématique et plus libre qui s'honore des noms de Montaigne et de Charron.

Le XVIIe siècle lui-même nous offre, dans la Bibliothèque du roi, beaucoup de morceaux inédits du P. Lami, de l'Oratoire, élève de Malebranche. Des correspondances de philosophes célèbres, discutant entre eux des points intéressants, peuvent se retrouver encore et ajouter à cet héritage de la philosophie en France.

LITTÉRATURE.

En ce qui concerne la littérature, monsieur, j'appellerai d'abord particulièrement votre attention sur ce qui pourrait éclairer les origines de notre langue, et la culture qui s'est développée dans les divers genres de composition, à partir du XIe siècle jusqu'au XVIe, durant cette période qui comprend la naissance, le premier emploi et le premier éclat de notre langue vulgaire, jusqu'à l'époque tout à fait moderne. Il importe, pour combler une grande lacune dans notre histoire littéraire, de connaître et de recueillir de plus en plus complétement les monuments de cette période, que les Bénédictins et leurs savants continuateurs n'ont fait qu'entamer.

Vous voudrez donc bien rechercher ce que vos collections manuscrites pourraient contenir en fait de longues compositions épiques et chevaleresques, chansons dites *de geste*, romans en vers ou en prose, se rapportant aux cycles de Charlemagne, d'Arthus, d'Alexandre, ou de la guerre de Troie, ou à toute autre variété de sujets. Vous en donneriez des indications et extraits qui permissent d'en déterminer l'âge.

Il serait précieux de retrouver des romans en prose antérieurs aux XIVe et XVe siècles. Vous noteriez, dans les romans en vers, si les vers sont rimés par tirades monorimes, s'ils sont de douze, de dix ou de huit syllabes. Vous verriez, surtout au commencement ou à la fin de ces romans, quelquefois aussi au milieu et dans l'intervalle d'un livre à l'autre, s'il est fait mention de l'auteur et de la date, et vous transcririez fidèlement ces endroits.

Les chroniques en vers, qu'il faut distinguer des romans, et dans le genre du *Rou* ou du *Brut*, vous offriraient une valeur historique étroitement unie à la curiosité littéraire.

Vous ne rechercherez pas avec moins d'intérêt ce qui se pourrait découvrir en fait de *miracles*, *mystères*, *moralités*, *farces*, *sottises*, *dialogues et débats*, *plets*, etc., en un mot, tout ce qui se rapporte aux compositions et représentations dramatiques de ces temps.

Vous mettrez une égale importance à tous manuscrits étendus en vers, quel qu'en soit le titre; aux voyages, aux écrits satiriques désignés sous le nom de *Bibles;* à ceux qui s'intitulent *Bestiaires, Volucraires, Lapidaires,* ou qui s'offriraient sous des titres latins; aux espèces de compilations scientifiques, comme l'*Image du monde;* aux grands ouvrages allégoriques du genre du *roman de la Rose;* aux grands apologues, aux branches nouvelles qu'on pourrait retrouver du célèbre *roman du Renard*, par exemple. Vous remarqueriez les traductions des *Écritures*, les *Psautiers*, et en général toute traduction des auteurs anciens; vous attacheriez un prix tout particulier aux *grammaires, glossaires* et *traités sur la langue*, composés dans ces siècles, si vous en découvriez.

Dans les genres de moindre étendue, et dont les pièces ne se trouvent souvent point dans des manuscrits à part, mais aux dernières pages seulement ou au milieu de manuscrits qui traitent de matières toutes différentes, vous remarqueriez les chansons, lais, complaintes, rotruenges; les fabliaux, les fables attribués aux divers Ysopets; les estampies, rondeaux, sirventais; les jeux-partis, les proverbes, dicts et sentences, dicts et contredicts; les proses farcies, les carols, noëls, sermons en vers, etc. Pour ces objets de peu d'étendue et qui vous paraîtraient de quelque prix, des copies entières remplaceraient convenablement les indications et descriptions que vous réserveriez aux plus longs ouvrages.

Des écrits, en apparence très-étrangers à l'histoire littéraire, peuvent s'y rattacher par quelque point. Des traités en langue vulgaire sur les divers arts et métiers, sur diverses parties des sciences d'alors, des livres de compte même, peuvent devenir précieux pour l'histoire des origines et des progrès de la langue, par leur date, par leur terminologie. La littérature de ces époques revendique très-directement, et à titre presque de poëmes didactiques, les traités en vers sur la chasse, sur l'équitation, sur les échecs, etc.

Des chroniques romanesques, sermons ou autres écrits en prose latine, ne sont pas du tout étrangers à l'histoire de notre littérature française, et peuvent servir à l'éclaircissement de questions intéressantes relatives au fond ou à la forme de certaines compositions, à la langue dans laquelle elles parurent d'abord, etc. Les anciens livres d'offices, en latin, peuvent offrir la première forme, encore liturgique, des *mi-*

racles et des *mystères*. On trouve des mots français intercalés dans des sermons latins dès le XIIe siècle, et sans doute auparavant. Presque toutes les liturgies relatives aux événements de la famille, au baptême, au mariage, etc., contiennent des mots ou même des portions de dialogue en langue vulgaire, dont il faudrait faire le relevé.

On ne devra pas non plus omettre les poëmes latins de ces âges. En général, la recherche des écrits latins du moyen âge se lie de près, non-seulement à la connaissance du fonds littéraire commun de ces temps, mais aussi à l'étude philologique de notre langue, beaucoup de mots français, d'expressions françaises, plus ou moins altérés de l'ancien latin, ayant contracté cette altération dans leur forme de basse latinité.

Les manuscrits de poëmes ou chroniques en langue romane provençale ne sont nullement exclus de votre recherche. Tout ce qu'on en pourra découvrir et recueillir sera porté à l'information des personnes savantes qui se sont occupées plus particulièrement de cette branche de notre littérature, et qui sont désormais maîtres reconnus en pareille matière.

Les ouvrages en langue *trouverre* qui ont été composés dans un dialecte provincial particulier méritent attention; on pourrait en éclairer l'étude par la connaissance du patois moderne correspondant.

Il s'est conservé, en quelques localités de la France, des fêtes, des représentations dramatiques populaires dont l'origine semble remonter à une haute antiquité. Il s'est conservé en certaines contrées à part, surtout en Bretagne et vers les Pyrénées, d'anciennes traditions poétiques, des récits superstitieux, des chants même en langue du pays, altérés sans doute, mais évidemment transmis. Il ne sera pas indifférent d'examiner et de noter ces restes du passé avant que la civilisation moderne et l'usage de la langue générale les aient fait disparaître.

Mais votre recherche, monsieur, n'est pas du tout limitée à cette époque du moyen âge et aux siècles antérieurs au XVIe, sur lesquels j'ai cru devoir fixer d'abord votre attention. D'intéressants résultats sont à espérer encore pour les époques suivantes, dans lesquelles l'imprimerie semble avoir tout épuisé. Des copies peut-être plus complètes de certains ouvrages célèbres, des correspondances jusqu'ici négligées, des ouvrages même que les circonstances ont empêché d'imprimer en leur temps, peuvent venir ajouter en quelque chose à tout ce que la France possède déjà de richesses littéraires accumulées durant ces trois derniers siècles.

Telles sont, monsieur, les instructions que j'ai jugées nécessaires et suffisantes pour vous diriger dans la recherche des manuscrits traitant des matières scientifiques, philosophiques et littéraires. Les instructions relatives à l'art s'appliquent à une tout autre classe de monuments et méritent d'être développées d'une manière tout à fait distincte des précédentes. Je vous les adresserai successivement[1], et je compterai toujours sur votre empressement à me seconder dans des travaux d'un si haut intérêt, non-seulement pour chaque localité, mais pour notre patrie tout entière.

Recevez, monsieur, l'assurance de ma considération la plus distinguée.

Le Ministre Secrétaire d'état
au département de l'instruction publique,

GUIZOT.

Paris, le 15 mai 1835.

[1] Ces instructions, qui seront fort étendues, ne sont pas encore complétement rédigées et n'ont pu encore être adressées aux correspondants.

X.

Le Ministre Secrétaire d'État au département de l'instruction publique,

A M. Sainte-Beuve, membre du second comité historique institué près le ministère de l'instruction publique.

Monsieur,

En attendant les résultats des recherches que j'ai fait entreprendre sur les monuments de notre ancienne littérature nationale, et pour donner à ces recherches mêmes un point de départ bien déterminé, je désirerais que vous voulussiez bien vous charger de rédiger un exposé, un compte-rendu précis et complet des divers travaux entrepris en France sur cette littérature durant les trois derniers siècles.

A partir du XVIe siècle, en effet, on commence en France à s'occuper de la littérature antérieure, comme d'une chose déjà ancienne. Marot se fit éditeur du *roman de la Rose;* le président Fauchet, Étienne Pasquier et d'autres encore se livrèrent à quelques essais de critique sur ces monuments littéraires. Sous quel aspect abordèrent-ils cette étude? Quelle idée s'en formèrent-ils et quelles opinions s'accréditèrent dès lors?

La grandeur et l'éclat du siècle suivant durent naturellement distraire les esprits de ces recherches minutieuses sur la vieille littérature maternelle, réputée informe et barbare. Les immenses travaux d'érudition exécutés par les Mabillon, les du Cange, ont un caractère particulièrement historique; la littérature proprement dite ne trouve place chez eux qu'en qualité de témoignage à l'appui de certains faits. Il importe cependant d'observer et de bien constater le progrès qui se prépara dès lors dans la connaissance positive de nos anciens monuments littéraires, la véritable critique qui commença à leur sujet, et aussi les traditions qui se perpétuaient chez quelques amateurs érudits, comme Ménage et la Monnoye.

Ce fut dans le siècle suivant que, grâce aux Sainte-Palaye, aux Barbazan, etc., des publications littéraires non interrompues vinrent constituer régulièrement cette étude. Une analyse précise, jointe à une appréciation exacte de leurs travaux, ferait connaître la formation, la suite et les progrès de cette importante branche de critique et d'histoire littéraire jusqu'à nos jours.

En s'arrêtant aux dernières années, et sans entrer dans le détail des travaux contemporains, il y aurait à voir si quelque remarque lumineuse et fondamentale, en débrouillant la grammaire de notre vieille langue, n'est pas venue récemment modifier les recherches littéraires qui s'y rapportent, en fixer les conditions, et y introduire un degré de précision auquel on n'avait pas encore songé.

Ce sont là sans doute, monsieur, des aperçus bien superficiels, mais ils n'ont d'autre objet que de vous indiquer ma pensée. Je désire que vous puissiez tracer ainsi un exposé historique des recherches entreprises jusqu'ici sur notre vieille littérature, et qu'il résulte de votre travail un tableau exact des développements successifs et de l'état actuel de cette intéressante étude. Ce serait là une utile et belle introduction à la publication de ceux de nos monuments littéraires qui sont encore inédits, et dont la recherche se poursuit avec tant d'ardeur.

Agréez, monsieur, l'assurance de ma considération très-distinguée.

Le Ministre Secrétaire d'état
au département de l'instruction publique,

GUIZOT.

Paris, le 19 septembre 1835.

TABLE.

FIN DE LA TABLE.

www.ingramcontent.com/pod-product-compliance
Lightning Source LLC
LaVergne TN
LVHW020428230826
846091LV00004B/1425
* 9 7 8 2 0 1 3 5 6 2 2 1 8 *